Georg Finke

**Geschichte des Penny-Porto-Systems und der Briefmarken**

Georg Finke

**Geschichte des Penny-Porto-Systems und der Briefmarken**

ISBN/EAN: 9783743380707

Hergestellt in Europa, USA, Kanada, Australien, Japan

Cover: Foto ©ninafisch / pixelio.de

Manufactured and distributed by brebook publishing software (www.brebook.com)

Georg Finke

**Geschichte des Penny-Porto-Systems und der Briefmarken**

**James Chalmers,** Erfinder der Briefmarke.

Geb. am 2. Februar 1782 in Arbroath in Schottland. Gest. am 26. August 1853 in Dundee.

1834 in der Buchdruckerei James Chalmers hergestellt. Inschrift oben: Allgemeines Porto, in der Mitte: Nicht über eine Unze 2 Pence, unten: Zwei Pence. Als Zeichen der Entwertung wird das mit der Hand schwarz aufzudruckende „Used" (gebraucht) vorgeschlagen.

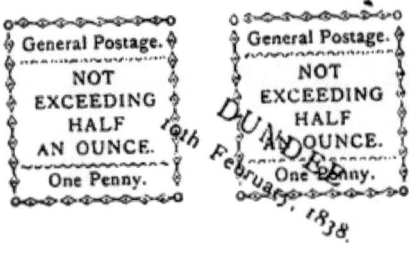
1838 von James Chalmers hergestellt. Oben: Allgemeines Porto, in der Mitte: Nicht über eine halbe Unze, unten: Ein Penny. Als Andeutung, wie die Marken unbrauchbar gemacht werden können, ist über die letzte Marke Ort und Datum gedruckt.

Probe vom Jahre 1839. Bild der Königin mit der Umschrift: Post-Amt, Ein Penny, Eine halbe Unze. Vom Kupferstecher Bacon ausgeführt, der von Hill beauftragt war, eine aufklebbare Marke herzustellen.

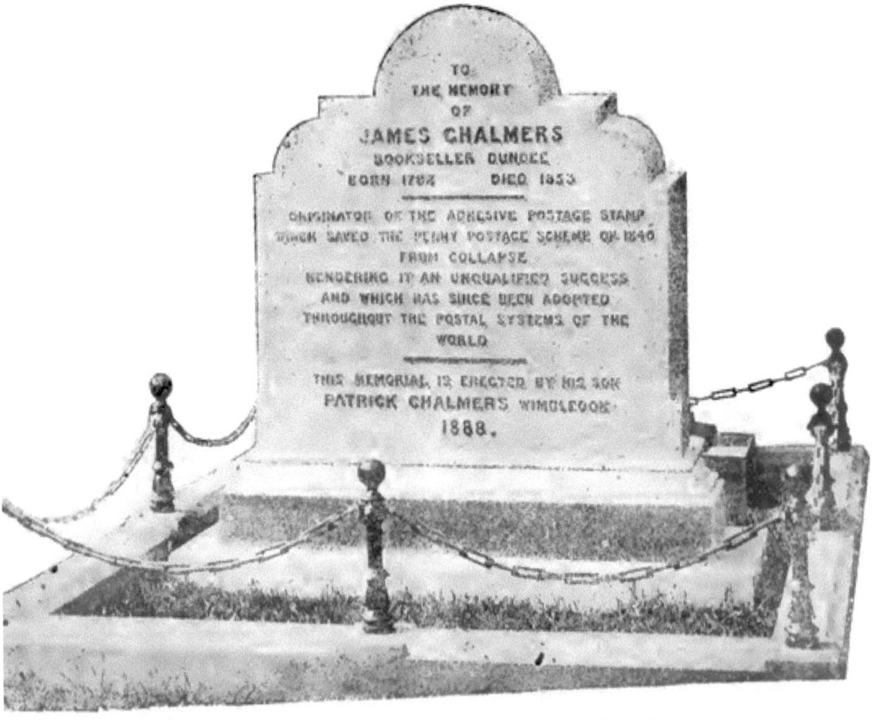

Grabmal James Chalmers auf dem Friedhofe the Howff zu Dundee.

# Geschichte
des
# Penny-Porto-Systems
und der Briefmarken.

Mit einem Anhange über die Erfindung der Postkarte.

## Zum 50jährigen Jubiläum der Briefmarke

von

## Georg Finke.

Mit einem Portrait J. Chalmers, dessen Briefmarken-Entwürfen und einem Postwertzeichen-Entwurfe Charles Whitings.

Motto: Vincit Veritas.

Leipzig 1890.
Druck und Verlag von Ernst Hei

Sr. Hochwohlgeboren

## Herrn K. u. K. Oberst-Lieutenant Karl von Gündel

in Anerkennung seiner hohen Verdienste um die gerechte Sache Chalmers in hoher Achtung und Sympathie gewidmet

vom

**Verfasser**.

# Inhalt.

|   |   | Seite |
|---|---|---|
| 1. | Einleitung . . . . . . . . | 5 |
| 2. | Vorchalmers'sche Frankozeichen . . . . . | 7 |
| 3. | Erfindung des Pennyportosystems in England | 9 |
| 4. | Erfindung der Briefmarke . . . . . . . . . | 17 |
| 5. | Erfindung der Postkarte . . . . . . . . . . | 28 |
| 6. | Ein Postwertzeichen-Entwurf Charles Whitings | 33 |
| 7. | Schluss . . . . . . . . . . . . . . . | 38 |
| 8. | Nachwort von K. v. Gündel . . | . 39 |

# 1. Einleitung.

Am 6. Mai 1890 feiert die Briefmarke ihr 50 jähriges Jubiläum! Erst seit einem halben Jahrhundert besteht dieses uns jetzt so unentbehrlich erscheinende, völkerverbindende Mittel zur Erleichterung des Verkehrs.

Wann die Briefmarke in England zuerst eingeführt wurde, wissen wir; aber zu unserer grössten Beschämung müssen wir gestehen, dass wir Kinder des 19. Jahrhunderts, das das der Forschung genannt wird, sage und schreibe 5 Decennien dazu gebraucht haben, um den wirklichen Erfinder dieses kleinen Wunderdinges, welches wir doch fast täglich vor Augen haben und das gewissermassen unter unseren Augen entstanden ist, feststellen zu können. Bis vor Kurzem hat man allgemein den Engländer Sir Rowland Hill für den Erfinder der aufklebbaren Frankirungszeichen gehalten, bis vor einigen Jahren Patrick Chalmers die Ehre der Erfindung für seinen verstorbenen Vater, den Dundeer Buchhändler James Chalmers, in Anspruch nahm; für seine Behauptungen legte er unwiderlegbare Beweise in seinem Pamphlet nieder, welches im Jahre 1881 unter dem Titel: »The Penny Postage Scheme of 1837: was it an Invention or a Copy?« erschien. Dieses wurde natürlich wieder von Pearson Hill, dem Sohne Sir R. Hill's bestritten. Lange wogte der erbitterte Kampf, in dem Pamphlete die Waffen waren, hin und her. Pamphlet folgte auf Pamphlet! Da endlich senkte sich die Wagschale der Gerechtigkeit zu Gunsten der Anhänger Chalmers.

Um die Aufklärung dieser nicht nur für uns Philatelisten so hochwichtigen Angelegenheit hat sich Carl von Gündel ein grosses Verdienst erworben, wofür ihm der aufrichtige Dank Aller gebührt. Oberstlieutenant a. D. Carl von Gündel lebt in Baden bei Wien und widmet seine Zeit fast ausschliesslich grösseren philatelistischen Arbeiten, die später im Druck erscheinen sollen. Er hat es sich zur besonderen Aufgabe gemacht, die irrige Ansicht zu bekämpfen, dass Sir Rowland Hill der Erfinder der aufklebbaren Frankirungszeichen, sowie des billigen einheitlichen Portosystems sei. Er steht auf Grund seiner umfassenden und gründlichen Forschungen mit voller Ueberzeugung auf der Seite Chalmers; durch seine zahlreichen in den Fachorganen erschienenen Artikel und Abhandlungen hat er die Sache des letzteren auch durch die That unterstützt.

In Nachfolgendem soll nun eine Darstellung der brennenden Streitfrage, ob Hill oder Chalmers der Erfinder der Briefmarke ist, Platz finden. Ihre Verdienste sollen beiden ungeschmälert erhalten bleiben. »Suum cuique«, diesen Wahlspruch des preussischen Königshauses will der Verfasser auch zu dem seinigen machen und »Vincit Veritas« lautet das Motto dieser Schrift! Zum Schluss spreche ich noch Herrn Oberstlieutenant C. von Gündel an dieser Stelle meinen tiefgefühlten Dank aus für die freundliche Unterstützung, welche derselbe mir bei der Abfassung vorliegenden Werkchens hat angedeihen lassen.

Osnabrück 1889.

**Georg Finke.**

## 2. Vorchalmers'sche Frankozeichen.

Obwohl, wie oben bemerkt, von einer wirklichen Einführung der aufklebbaren Frankierungszeichen erst seit 5 Jahrzehnten die Rede sein kann, so gab es doch schon vor dieser Zeit tüchtige Männer, welche an die Einführung von Frankozeichen dachten.

Um das Jahr 1650 soll nach Dr. A. Moschkau König Karl II. von England ein Couvert edirt haben, welches die Portofreiheit anzeigte, jedoch nur für Königliche Angelegenheiten benutzt wurde. Verbürgt ist diese Nachricht aber nicht, und dürfen wir derselben keinen allzu grossen Wert beilegen.

Durch Königlichen Erlass Ludwigs XIV. wurden in Paris am 8. August 1653 Stadtpostcouverte verausgabt, welche unseren Streifbändern ähnlich sahen und den Aufdruck trugen: »Port payé ... (Mai) ... le ... (10.) ... jour de l'an 1653 ou 1654«. Zum Zeichen der erfolgten Entwertung wurde das Frankierungszeichen vor Abgabe des Briefes an den Empfänger von Seiten der Post heruntergenommen. Der Preis eines solchen »Billet de port payé«, wie es genannt wurde, war ein Sou. Diese Einrichtung verfiel aber schon nach einigen Jahren; wie früher, so besorgten auch jetzt wieder die Savoyarden den Briefverkehr. Der Leiter und Erfinder dieser Stadtpost war M. de Valayer, Maître des requêtes (Berichterstatter über Bittschriften, Staatsrat).

Nun kommt erst im Jahre 1811, wie Dr. A. Moschkau meldet, wieder eine Art Briefmarke vor. Dieselbe wurde von einer Schifffahrtsgesellschaft in Schottland zur Erleichterung des Brief- und Packetverkehrs in Cours gesetzt. Etwas Genaueres wissen wir hierüber bis jetzt noch nicht.

In den Jahren 1819 bis 1836 waren in Sardinien 2 Postcouverts in Cours, welche den Namen »Carta postale bollata« führten. Dieselben zeigten neben der Wertangabe das Bild eines Postillons zu Pferde, welcher das Posthorn an die Lippen gesetzt hat. Die Couverts der 2. Emission waren zum Schutze gegen

Fälschungen sogar schon mit Wasserzeichen versehen. Die erste Emission von 1819 war in Blaudruck, die zweite von 1820 in farblosem Reliefdruck ausgeführt. Es ist nicht ausgeschlossen, dass das »Carta postale bollata« (»postalisch gestempeltes Papier«) dem Lord Lowther, als er im V. Bericht der Commission of Post Office Inquiry vom April 1836 vorschlug, auf Preislisten und ähnliche kaufmännische Mitteilungen einen Stempel als Zeichen der Frankierung zu drucken, vor Augen geschwebt haben dürfte.

Im Jahre 1823 trat in Schweden der Lieutenant Curry Gabriel de Treffenberg mit einem Projekt hervor, in welchem er der schwedischen Regierung den Vorschlag machte, mit Stempel als Wertzeichen versehene Postcouverts einzuführen; er legte sogar Proben davon vor, wurde jedoch mit seinem wohl verfrühten Antrage abgewiesen, da man damals noch nicht die grossartige Bedeutung desselben erkannte. Genaueres wissen wir auch hierüber noch nicht. Der Verfasser dieses Werkchens lässt sich das Studium der vorchalmers'schen Frankozeichen besonders angelegen sein und hofft, wenn seine Bemühungen mit Erfolg gekrönt werden, Licht in diese Angelegenheit zu bringen.

Es sollen noch in China vor 1840 verschiedene Arten von Postcouverts verausgabt sein. Jedoch ist die Glaubwürdigkeit dieser Nachricht nicht dokumentiert; die Chinesen sollen und wollen ja Alles schon eher erfunden haben, wie wir Abendländer.

Nachdem wir die uns bis jetzt bekannten vorchalmers'schen Frankierungszeichen kurz erwähnt haben, wollen wir zur Darlegung der Ereignisse bei der Erfindung und Einführung des billigen Portosystems, sowie der aufklebbaren Frankierungszeichen übergehen.

## 3. Erfindung des Pennyportosystems in England.

In den dreissiger Jahren dieses Jahrhunderts wurde in England der Wunsch nach einer gründlichen Reform des Postwesens laut. Dieser Wunsch wurde immer dringender geäussert, sodass sich ein Kreis hervorragender Männer verband, um diese Reform durchzuführen, Beschwerden über das ausserordentlich hohe Briefporto, sowie Vorschläge zur Abhilfe gingen der Regierung vielfach zu.

Es lässt sich nicht in Abrede stellen, dass diese Klagen über das zu hohe Porto begründet waren. Dasselbe wurde auf Grund zweier Gesichtspunkte erhoben; erstens wurde die Entfernung des Bestimmungsortes vom Aufgabeorte und zweitens der Umfang der Briefe etc. (1, 2, 3, 4 oder mehr Bogen) in Berechnung gezogen. Das Porto betrug daher, gleichviel ob der Brief Geschriebenes oder gedruckte Preislisten, Cirkulare etc. enthielt, zwischen 2 Pence und 1 Shilling 6 Pence für den einfachen Brief mit einem Bogen Inhalt. Dabei wurde das Couvert, sowie jedes einliegende Blättchen noch für einen Bogen extra gerechnet. Für einen einfachen Brief betrug das Porto:

|      | bis | 15 | englische | Meilen | 4 d. |
|------|-----|----|-----------|--------|------|
| von  | 15  | „  | 20        | „      | „    | 5 d. |
| „    | 20  | „  | 30        | „      | „    | 6 d. |
| „    | 30  | „  | 50        | „      | „    | 7 d. |
| „    | 50  | „  | 80        | „      | „    | 8 d. |
| „    | 80  | „  | 120       | „      | „    | 9 d. |
| „    | 120 | „  | 170       | „      | „    | 10 d. |
| „    | 170 | „  | 230       | „      | „    | 11 d. |
| „    | 230 | „  | 300       | „      | „    | 12 d. |

und dann für jede 100 englische Meilen weiter 1 d.

Die Entfernung wurde nicht nach der Luftlinie gemessen, sondern nach dem wirklichen Wege, den der Brief zurückzulegen hatte. So war der englische Portotarif beschaffen, als Rowland

Hill mit seinen Reformvorschlägen hervortrat. Hill war in seiner Jugend selbst oft genug Zeuge gewesen, mit welcher Sorge seine Mutter der Ankunft des Postboten entgegensah, weil sie nicht sicher war, ob Geld genug im Hause vorhanden sei, um das Porto für etwa eingehende Briefe zu bezahlen. Mit Recht, sagt der General-Inspekteur der Belgischen Posten, Louis Bronne in seinem 1858 erschienenen Werke »La réforme postale en Angleterre«:

»Es wird die Ehre und der Ruhm Rowland Hills vor der Nachwelt sein, durch einfache und schlagende Gründe gezeigt zu haben, dass der alte Posttarif, so verschieden und übertrieben in seinen Taxen, nicht mehr auf einer logischen Schlussfolgerung beruhte; dass es ernste und unumstössliche Gründe gab, ihn zu verlassen und durch ein einfaches und wohlfeiles System zu ersetzen; dass eine gründliche Reform thunlich sei und dass dieser Zweck, dem Staate und dem Volke gleich günstig, erreicht werden könne, ohne die öffentlichen Einkünfte zu schädigen.«

Als Beleg dafür, dass und wie die Bezahlung des hohen Portos von den Leuten umgangen wurde, diene folgende romantische, jedoch unverbürgte Erzählung eines Erlebnisses Rowland Hill's, welches ihm zum Studium des Postwesens und zur Postreform den Anstoss gegeben haben soll.

Während eines Aufenthaltes in einem schottischen Dorfe bemerkte Hill, dass ein Mädchen dem Briefträger einen Brief zurückgab, mit dem Bemerken, dass ihr das Porto zu hoch sei. In jener Zeit wurde nämlich das Porto vom Empfänger und nicht vom Absender erhoben. Hill erbot sich, den Brief für das Mädchen einzulösen, welches Anerbieten dasselbe jedoch hartnäckig ablehnte. Hill wurde durch das Benehmen des Mädchens aufmerksam und vermutete dahinter ein Geheimnis. Nach vielem Fragen erklärte das Mädchen, dass sie in London einen Schatz habe, mit welchem sie vor seiner Abreise einige kurze Zeichen verabredet habe, welche auf der Rückseite des Briefes vermerkt wären. Inwendig enthielte der Brief nichts. Empfing sie einen Brief, so verweigerte sie unter dem Vorwande, dass das Porto ihr zu teuer sei, die Annahme, nachdem sie zuvor die Zeichen rasch abgelesen hatte. Ihr Bräutigam in London machte es ebenso. Auf diese Weise unterhielten sie eine Correspondenz, ohne einen Pfennig dafür auszugeben. Hill wurde hierdurch nachdenklich und beschloss, sich der Reform des Postwesens anzunehmen.

Es ist hier wohl am Platze, eine kurze Lebensbeschreibung R. Hill's zu geben. Er wurde geboren am 3. Dezember 1795 in Kidderminster (in der englischen Grafschaft Worcester). Seine Erziehung und Ausbildung erhielt er auf einer Anstalt, welche sein Vater im Jahre 1803 in Birmingham errichtet hatte. Noch jung an Jahren wurde er Hülfslehrer an dieser Lehranstalt und leitete dieselbe später mit seinem Bruder Mathias zusammen. Im Jahre 1827 wurde diese Anstalt nach Tottenham bei London verlegt, nachdem Rowland Hill kurz zuvor mit einer früheren Spielgefährtin den Bund fürs Leben eingegangen war. 1833 überliess er aus Gesundheitsrücksichten seinem Bruder die Leitung der Schule und wurde zuerst Sekretär der Süd-Austral-Gesellschaft, welche sich die Kolonisation von Süd-Australien zur Aufgabe machte; Hill ging aber nicht nach Australien, sondern blieb hübsch daheim in London, recht weit vom Schuss. Dann wurde er Sekretär eines Vereines, welcher sich die Verbreitung billiger und nützlicher Schriften für das Volk zur Aufgabe gemacht hatte, der Society for the Diffusion of Useful Knowledge; er beschäftigte sich ferner mit Verbesserungsvorschlägen, wie z. B. der allmäligen Abschaffung des Pauperismus etc. Hierdurch angeregt kam Hill auf den Gedanken, eine Druckpresse zu erfinden, auf welcher die Schriften schneller und daher auch billiger gedruckt werden könnten. Er erfand auch wirklich eine Schnellpresse, welche aus mancherlei Gründen den Beifall der Buchdruckereibesitzer nicht fand, weshalb er den Maschinenbau, dem er viel Zeit und viel Geld gewidmet hatte, aufgab und sich den Postreformern anschloss um sich, wie er selbst in seiner Autobiographie sagt, eine neue Existenz zu gründen; er war nämlich der Ansicht, dass er, wenn er sich bei der Durchführung der Postreform ausgezeichnet hätte, auf eine vorteilhafte Anstellung bei der Post würde rechnen können. Nach reiflicher Überlegung kam er zu dem Ergebnis, dass die Einführung eines billigen Portosystems einem grossen und drückenden Übel abhelfen könne.

Hill war übrigens nicht der erste, der diesen Gedanken gefasst hatte; schon viele Männer hatten dieselbe Ansicht geäussert und schriftlich niedergelegt. Dieses Material hat Hill benutzt; von Wallace, dem Obmann der C. of. P. O. Inquiry, erhielt er allein über $1\frac{1}{2}$ Centner Akten.

Um die vielen bei der Regierung eingelaufenen Beschwerden und Denkschriften über die Reform des Postwesens zu prüfen, war nämlich im Jahre 1835 vom Parlamente die »Commission of the

Post Office Inquiry« eingesetzt worden, deren Obmann Robert Wallace war. Diese Kommission hatte u. a. auch die Frage zu erwägen, wie weit für Preislisten Kreuzbandsendungen und ähnliche kaufmännische Korrespondenzen, welche damals denselben übertrieben hohen und vielstufigen Portosätzen unterworfen waren, als die eigentlichen Briefe, eine Tarifermässigung geboten und zulässig sei. Sie brachte in Erfahrung, dass auf dem Festlande schon lange ein billigeres Porto für Drucksachen eingeführt sei, und schlug dasselbe auch in ihrem 5. Berichte an das Schatzamt vor. Die betreffende Stelle in dem Berichte lautet:

»In erster Linie bitten wir Ew. Lordschaften empfehlen zu dürfen, dass Preisverzeichnisse und Korrespondenzen ähnlichen Inhalts innerhalb Englands in Zukunft zur Postbeförderung gegen Gebühren zugelassen werden mögen, welche nicht so hoch wie bisher sind und dieselben vom Verkehr geradezu ausschliessen. Lord Lowther (nachmaliger General-Postmeister von 1841—46) schlägt vor, dass Preisverzeichnisse überhaupt portofrei befördert werden, aber auf gestempeltes Papier gedruckt werden sollten. Seiner Ansicht nach dürfte eine Stempelgebühr von höchstens 2 Pence für derartige Korrespondenz zu erheben, gleichzeitig aber die Herabsetzung auf 1 Penny oder einen noch geringeren Satz in Erwägung zu ziehen sein. Auch wir sind der Meinung, dass die Beförderungsgebühr für Korrespondenz dieser Art am zweckmässigsten in der Form eines Wertstempels erlegt werden sollte, da diese Gebühr sich mit grösserer Bequemlichkeit und zuverlässiger erheben lässt als Porto, und dadurch ausserdem einer Vermehrung der Dienstgeschäfte bei den Postanstalten vorgebeugt wird.«

Ferner schlägt die Kommission in diesem Berichte vor, für den Fall, dass das einheitliche, von der Entfernung unabhängige Porto für die gedachte Korrespondenz auf einen geringeren Satz als 1 Penny, nämlich auf $^1/_2$ Penny, festgestellt werden sollte, diesen Satz nur für Sendungen, welche das Gewicht $^1/_2$ Unze = $7^1/_2$ gramm nicht übersteigen, anzuwenden, schwerere aber mit höherem Porto zu belegen.

Früher schon hatte der Postreformer Samuel Roberts, Parlamentsmitglied für Conway, für die Einführung eines billigen Portosystems agitiert; er reichte hierüber im Jahre 1824 an die »Welsh

Cymreigiddion-Vereion: eine Denkschrift ein, dann 1829 und 1836 wieder solche an die »General Post Office«.

Diese Berichte, welche vielleicht noch lange in den Archiven geschlummert und ihrer Erlösung geharrt haben würden, nahm Hill sich zur Grundlage bei Abfassung seiner berühmten Broschüre über die Postreform, betitelt »Post Office Reform its Importance and Practicability«, ohne die geringste Andeutung über seine Quellen zu machen, woraus es sich auch erklärt, dass Hill allgemein für den Erfinder des billigen einheitlichen Pennyportosystems angesehen wurde. Das billige Portosystem ist also weder das Werk eines Mannes noch einer bestimmten Zeit; die Reform des Postwesens spukte damals in allen Köpfen, lag gewissermassen in der Luft, sie hatte auch eine greifbare Gestalt angenommen, indem sich schon vor Hill eine Menge erfahrener Männer damit befasst haben. Aber das ist ja gerade das Ei des Kolumbus, dass Hill das richtige herausfand und richtig anzuwenden wusste. In der oben angezogenen Flugschrift, welche im Jahre 1837 bei dem Buchhändler Charles Knight in London erschien, weist Hill nun nach, dass ein Fehler in der Verwaltung des Postwesens sein müsse, da die Einnahmen der Post mit jedem Jahre eher ab- denn zunähmen, während doch die Kultur, der Handel und der Verkehr in fortwährendem Steigen begriffen seien; dieser Fehler liege nur in dem zu hohen Porto und in der Umständlichkeit der Beförderung.

Es war Thatsache, dass der Ertrag der Post seit 1815, also seit 22 Jahren, derselbe geblieben war, während doch die Bevölkerung zugenommen hatte und die Einnahmen der Staatskasse auf allen andern Gebieten sich vermehrt hatten. Hill wies mit Hülfe der Statistik nach, dass, wenn die Einnahmen der Post mit der Zunahme der Bevölkerung in gleichem Verhältnis geblieben wären, der Reinertrag der Post i. J. 1837 statt 1 500 000 Pfd. Sterl. etwa 2 000 000 Pfd. Sterl. betragen müsste. Er sei überzeugt, dass, wenn das billige Portosystem schon früher eingeführt worden wäre, die Einnahmen der Post gestiegen wären. Er schätze den Verlust, den die Post durch das Bestehenlassen der hohen Portosätze und der veralteten Einrichtungen erlitten habe, auf nahezu 1 000 000 Pfd. Sterl. Die Briefe, welche diese Portosummen bilden würden, müssten also auf unerlaubte Weise befördert sein.

Um diesen Missständen abzuhelfen, schlägt Hill die Einführung eines gleichmässigen billigen Portosatzes von 1 Penny für alle Briefe, Drucksachen etc. innerhalb des Königreiches ohne Rücksicht auf die Entfernung bis zum Gewicht von $^1/_2$ Unze $7^1/_2$ gr. vor, ferner eine fortschreitende Erhöhung des Portos nach Massgabe des Gewichts, sowie die Verpflichtung des Absenders zur Frankierung. Sodann verlangt er verschiedene Verbesserungen im Dienste. Die Portofreiheit der Mitglieder des Parlements sollte aufhören, ebenso die der öffentlichen Behörden. Den zu erwartenden Ausfall in den Einnahmen gedachte er durch Vereinfachung des technischen Dienstes, sowie durch massenhafte Vermehrung der Korrespondenz zu begegnen. Für Korrespondenzen nach dem Auslande sollte der alte Portosatz noch bestehen bleiben.

Hill erweitert also noch den Vorschlag der oben erwähnten Kommission, welche nur für Drucksachen ein ermässigtes Porto eintreten zu lassen vorschlug. Hill erwartete, wenn seine Pläne durchgeführt würden, eine Verkehrssteigerung um das 6 fache der bisherigen Zahl nach Hinzurechnung von ca. 7 000 000 bisher portofreien Briefen. Er nahm nämlich an, dass, wenn die unerlaubte Beförderung der Briefe durch Privatgelegenheit unterdrückt würde, der Post noch eine ebenso grosse Zahl von Briefen zugeführt werden würde, wie sie bisher nur befördert hatte. Einer Vergrösserung der Arbeitskräfte glaubte er durch den Frankozwang zu begegnen. Mit Nachdruck weist er in seiner Flugschrift auf die sittlichen Nachteile hin, welche die Erschwerung des Briefverkehrs besonders für die ärmere Bevölkerung zur Folge hat. Der Arme ist bei den übermässig hohen Portosätzen gezwungen, entweder auf den Briefverkehr zu verzichten oder aber seine Briefe durch ungesetzliche Mittel zu befördern. Im letzteren Falle wird er in seinem Rechtsbewusstsein und in seinem bürgerlichen Gewissen schwer geschädigt. Diese Stelle wirft ein helles Streiflicht auf Hill's edlen Charakter! — »Die vorgeschlagene Reform«, sagt er am Schlusse seiner Schrift, »wird, wenn die Staatsregierung sie in die Hand nimmt, auf keinen Widerstand stossen. Ihr Zweck ist nicht, die politische Macht dieser oder jener Partei zu erhöhen, sondern die verschiedensten, religiösen und politischen Richtungen und alle Klassen der Bevölkerung, von den höchsten bis zu den niedrigsten, gleichmässig zu fördern. Den Reichen, wie den minder Wohlhabenden wird die Portoreform wegen der damit verbundenen Erleichterung für ihren Briefverkehr willkommen sein. Den Mittelklassen bringt sie Befreiung von einer drückenden und ärgerlichen Ausgabe, die sie mit Widerstreben entrichten, deren Betrag sie zu überschätzen geneigt sind, weil sie so häufig wiederkehrt, und der sie sich auf jede Weise zu entziehen suchen. Den Ärmeren bietet sie die Möglichkeit, mit entfernten Freunden und Verwandten in Verkehr zu bleiben, wovon sie jetzt ausgeschlossen sind. Sie wird dem Handel neuen Schwung verleihen, zahllosen Versuchungen zu Betrügereien vorbeugen und einen wichtigen Schritt zur allgemeinen Volkserziehung bilden, um so wichtiger als für diesen Zweck nichts weiter verlangt wird, als die Beseitigung eines selbstgeschaffenen Hindernisses, welches der Ausbreitung der Volkserziehung im Wege steht.«

Hill vertrat seine Sache durch Wort und Schrift energisch aber höflich, welche beiden Eigenschaften ihm viele Freunde erwarben. Als Probe seiner Schlagfertigkeit diene folgendes. Lord Lichfield, der damalige General-Postmeister, sagte im Parlament, um den Ausfall des Portos zu decken, müsse die Korrespondenz sich mindestens um das zwölffache vermehren; das ganze Generalpostgebäude würde nicht hinreichen, die Beamten und die Briefe zu fassen. »Ich bin sicher«, erwiderte Hill, dass Eure Herrlichkeit keinen Augenblick zögern wird, sich darüber zu entscheiden, ob in diesem grossen und gewerbfleissigen Lande die Grösse des Postgebäudes sich nach dem Umfange der Korrespondenz, oder der Umfang der Korrespondenz sich nach der Grösse des Postgebäudes zu richten hat.« Eine ebenso treffende Antwort hatte Hill auf den Einwand, dass seine Vorschläge der nötigen Fachkenntnis entbehrten: »Fachmänner sind die natürlichen Wächter gegen unbedachte Neuerungen, aber sie kommen durch lange Gewöhnung an das Bestehende leicht in die Lage, vorhandene Fehler und Mängel zu übersehen. Deshalb sind sie wenig geneigt, an die Möglichkeit von Verbesserungen zu glauben und besonders argwöhnisch gegen Reformvorschläge eines Nichtfachmannes. Die Forderung, dass solche Vorschläge sich ohne weiteres mit der bestehenden Geschäftsbehandlung decken sollen, ist unweise, denn dadurch werden alle Änderungen, auch die vorteilhaftesten, von vornherein ausgeschlossen.«

Vom Publikum wurden die Hill'schen Vorschläge natürlich freudig begrüsst. Die Regierung trug jedoch gegen die Einführung desselben Bedenken, besonders inbezug auf die finanzielle Seite. Es wurde allerdings allseitig anerkannt, dass der neue Tarif billig und einfach sei und dadurch jedem gestatte, die Post zu benutzen, was bei den früheren Portosätzen nicht möglich war. Eine

Steigerung des Verkehrs schien auch wahrscheinlich; ob aber hierdurch die Mindereinnahme, welche durch den Fortfall der hohen Portosätze entstehen würde, ausgeglichen würde, das war die Frage, welche über die Hill'schen Reformpläne entscheiden musste. Die Regierung überwies die Hill'schen Vorschläge zur Prüfung der schon seit 1835 unter dem Vorsitze A. Wallaces tagenden Commission of the Post Office Inquiry.

## 4. Erfindung der Briefmarke.

Um das billige Portosystem zweckmässig durchführen zu können, musste man auf Mittel bedacht sein; denn es war vorauszusehen, dass bei so billigen Portosätzen der Postverkehr sich bedeutend heben, und es unmöglich sein würde, für jeden einzelnen Brief das Porto in barem Gelde zu erheben. Hill schlägt daher vor: »Man richte es so ein, dass das Publikum von den Stempel- oder Postämtern oder auch von beiden gestempelte Couverts oder gestempelte Bogen Papier zu einem Preise erhalten könne, worin zugleich das Postporto mit inbegriffen sei; ferner, dass Umschläge, wie man solche für Zeitungen gebraucht (also Streifbänder!) ebenso gestempelt würden.« Er schlägt also nur gestempelte Couverts etc., nicht aber aufklebbare Frankierungszeichen vor. Eine eigene Erfindung Hill's sind übrigens die gestempelten Couverts und Briefbogen auch nicht, da schon früher Charles Knight die gestempelten Couverts zur Frankierung von Zeitungen und die »Commission of the Post Office Inquiry« in ihrem 5. Berichte vom April 1836 an das Schatzamt die gestempelten Briefbogen als Frankierungszeichen für Preislisten und ähnliche kaufmännische Mitteilungen beantragt hatte. Wohl aber gehört ihm unbestreitbar das hohe Verdienst, beides zur Frankierung aller Briefe vorgeschlagen und für die Einführung in hervorragender Weise gewirkt zu haben. Um den Ansprüchen des Publikums Rechnung zu tragen, sollte die Qualität des Papiers von verschiedener Güte sein. Diese gestempelten Couverts und Briefbogen sollten sowohl durch die Postanstalten als auch durch die Papierhandlungen an das Publikum abgegeben werden. Dieser Vorschlag stiess jedoch bei der vom Parlamente für die Untersuchung der Hill'schen Reformvorschläge eingesetzten Kommission auf Widerstand, da dieselbe glaubte, dass diese Frankierungszeichen leicht gefälscht werden könnten. Hier schlug man als Abhülfe vor, nur allein Papier aus den Dickinson'schen Papiermühlen zu verwenden, welches von ganz eigener Beschaffenheit war, indem es mit Baumwoll- oder Seidenfäden durchsetzt war, so dass man es leicht von andern Papiersorten unterscheiden konnte. Hierauf erfolgte natürlicherweise ein Sturm sämtlicher übrigen Papierfabriken, welche nicht zugeben wollten, dass Dickinson allein das Monopol erhielte. Dieser gerechte Einspruch wurde von der Regierung anerkannt. Die Papierhändler protestierten ebenfalls, da sie doch die Briefbogen und Couverts teurer verkaufen mussten, um daran verdienen zu können, während die Postämter dieselben zum Selbstkostenpreise abgeben sollten.

Ich will der Übersicht wegen die Sachlage noch einmal kurz darlegen. Hill schlug also zwei Wege vor, um das von ihm geplante billige Portosystem praktisch durchführbar zu machen. Darüber, dass das Porto im voraus entrichtet werden müsse, war man sich einig. Es handelte sich nur noch um das »wie, auf welche Weise«! Hill schlug vor, dass das Porto bei Aufgabe der Briefe entweder in barem Gelde oder durch gestempelte Briefbogen und Couverts erhoben werden solle. Beide Methoden wurden aber aus den oben dargelegten Gründen für praktisch nicht durchführbar gehalten. Das Zustandekommen der ganzen Hill'schen Postreform stand in Frage. Ein Ausweg musste gefunden werden. Als im Parlament in der Mitte des Jahres 1839 die Penny-Porto-Bill vorgelegt worden und dem Falle nahe war, weil man keine zweckmässige Methode finden konnte, wie das Porto ohne grosse Belästigung des Publikums zu erheben wäre, wurde die Vorlage dadurch gerettet, dass Wallace im Unterhause, Lord Ashburton im Oberhause die Chalmers'sche aufklebbare Marke zur Sprache brachte, weil: durch dieselbe die Staatsfinanzen gegen Schädigung durch Fälschung gesichert, dieselbe allen Zwecken entsprechen und jedes Widerstreben der Papierfabrikanten und Papierhändler beseitigt werden würde.

James Chalmers wurde als der Sohn eines Fabrikbesitzers am 2. Februar 1782 in Arbroath (Schottland) geboren. Noch jung an Jahren kehrte er seiner Vaterstadt den Rücken und trat in das Geschäft seines älteren Bruders ein, welcher in Dundee eine Buchdruckerei nebst einer Buchhandlung betrieb. Dieses Geschäft übernahm James Chalmers später selbst. Hier begann er sich viel mit postalischen Angelegenheiten zu befassen. Viel Nützliches hat er auf diesem Gebiete geschaffen, z. B. ist es seiner Anregung zu danken, dass in Schottland eine schnellere Beförderung der Briefschaften eintreten konnte. Im J. 1830 begann er die Herausgabe einer Zeitung, der Dundee Chronicle. Da jedoch die Presse damals mit sehr hohen Abgaben, den sogenannten »Taxes of Knowledge« (Steuern auf das Wissen), belastet war, so warf das Unternehmen nicht den gehofften Gewinn ab. Die Abschaffung dieser Steuern, sowie die Reform des Postwesens machte James Chalmers in Gemeinschaft mit vielen hervorragenden Postreformern (J. Hume, R. Wallace u. a.) sich zur besonderen Aufgabe. Und er hat diese gestellte Aufgabe gelöst, und zwar so vorzüglich gelöst, dass kein Zweiter sie besser hätte lösen können.

Der Deutlichkeit halber wird es notwendig sein, hier kurz anzugeben, unter welchen Umständen die Briefmarke von J. Chalmers erfunden wurde. Im Jahre 1832, nachdrücklicher aber im Jahre 1834, wurde von verschiedenen Personen in England eine Agitation gegen den damals gesetzlich vorgeschriebenen Zeitungsstempel (4 Pence für jeden Bogen) in's Leben gerufen, indem man verlangte, dass für jeden Zeitungsbogen nur 1 Penny an Porto entrichtet werden sollte. Ein hervorragender Verleger, Charles Knight in London, erörterte dann in der Nummer vom 1. Juni 1834 seiner Zeitschrift »Companion to the Newspapers« die Idee, dass das Zeitungsporto im Voraus bezahlt und dadurch erhoben werden sollte, dass die Zeitungen in Umschlägen mit darauf gedrucktem Stempel zu 1 Penny, welche die Postämter zu verkaufen hätten, verschickt würden. Dies veranlasste J. Chalmers, der damals die Wochenschrift »Dundee Chronicle« herausgab und als Drucker und Verleger am besten die Unannehmlichkeiten und Verluste beurtheilen konnte, welche beim Drucken durch das Verderben von mit 4 Pence gestempelten Bogen entstanden, diese Idee auch seinerseits in Erwägung zu ziehen — wodurch er zu der Überzeugung kam, dass es am billigsten und zweckmässigsten sein würde, zur Entrichtung des Porto für Zeitungen, anstatt eines auf dem Umschlag gedruckten Stempels einen zum Aufkleben hergerichteten zu gebrauchen. J. Chalmers, der auch schon — wie dokumentarisch sichergestellt ist — im August 1834 in seiner Druckerei Proben eines aufklebbaren Frankierungszeichens hatte herstellen lassen, machte gar kein Geheimnis aus seiner Erfindung und theilte dieselbe verschiedenen seiner Bekannten und wohl auch — wofür mehrfache Anzeichen sprechen — seinem Geschäftsfreunde Charles Knight, der ebenfalls ein eifriger Postreformer war und mit dem er einen regelmässigen Briefwechsel unterhielt, mit. Da Knigth's Vorschlag ohne Erfolg blieb, so konnte, wie leicht begreiflich, auch J. Chalmers keinen Versuch machen, dass sein aufklebbares Frankierungszeichen eingeführt würde, da dasselbe damals eben nur dann hätte gebraucht werden können, wenn Knigth's Vorschlag, die Zeitungen in gestempelten Umschlägen zu befördern, angenommen worden wäre. Es ist daher auch nicht im geringsten zu verwundern, dass Chalmer's Erfindung weder von der Post, noch vom Publikum angewendet wurde und mehrere Jahre hindurch »todt« da lag. Daraus kann aber doch in keinem Falle gefolgert werden, dass J. Chalmers unfähig gewesen wäre, seine Erfindung auszuführen — es war einfach noch nicht die Zeit da, um dies thun zu können.

Als dann im Jahre 1837 Sir R. Hill mit seiner berühmten Flugschrift »Post Office Reform« etc. hervortrat und darin als Frankierungszeichen einzig und allein gestempeltes Briefpapier, gestempelte Couverte und gestempelte Umschläge vorschlug — da war der Zeitpunkt gekommen, wo auch J. Chalmers mit seinem aufklebbaren Frankierungszeichen hervortreten konnte und dann säumte er auch nicht länger, seinen Vorschlag so bald als möglich nicht nur der »Commission of the Post Office Inquiry«, welcher der Hill'sche Entwurf zur Prüfung zugewiesen worden war, dem »Mercantile Committee« etc., sowie verschiedenen hervorragenden Postreformern vorzulegen, sondern auch für die Annahme desselben unermüdlich zu agitieren.

Im Anfange des Jahres 1838 reichte nun Chalmers bei der Kommission eine gedruckte Denkschrift ein, welcher er Proben von Marken beifügte. Er erklärt darin, wie notwendig die Annahme seiner Frankierungszeichen sei, wenn das billige Portosystem erfolgreich durchgeführt werden solle, es sei auch jedenfalls billiger und zweckmässiger, aufklebbare Frankierungszeichen zu wählen, als gestempelte Briefbogen und Couverts, wie Hill dieselben plante. Der Inhalt des Chalmers'schen Schriftstückes lautet im Auszuge:

»Bemerkungen über verschiedene Arten der Frankierung von Briefen, welche Rowland Hill in seinem Plane »Post Office Reform« vorgeschlagen hat.

Wenn eine Verbesserung vorgeschlagen wird, so kann man nur erwarten, dass dieselbe vor irgend einem schon bestehenden System Vorzüge hat oder dass deutlich nachgewiesen wird, dass diese Verbesserung vor einem anderen hierauf bezüglichen Vorschlag nennenswerte Vorteile voraus hat.«

»Wenn also Hill's Projekt, dass ein einheitliches Porto eingeführt und alle Briefe, ehe sie der Post übergeben werden, vorher

bezahlt werden müssen, Gesetz werden sollte, so glaube ich, dass
es die einfachste und billigste Methode, um eine solche Einrichtung durchzuführen, sein würde, Stückchen (slips) Papier
zu benützen, etwa denen ähnlich, die als Probe beigelegt
sind. Von diesem Gesichtspunkte aus und in der Hoffnung, dass
Hill's Vorschlag bald zur Ausführung kommen wird, würde ich
vorschlagen, dass im Stempelamt vermittelst Stempel oder einer
Platte Bogen eines eigens zu diesem Zwecke angefertigten Papieres mit kleinen ein Sinnbild (device)
tragenden Zettelchen (slips) bedruckt würden, dass
die so bedruckten oder auch gestempelten Bogen
mit einer starken Gummilösung oder auch einer anderen
Klebmasse auf der Rückseite bestrichen und (wenn getrocknet) von dem Stempelamte an Papierhändler, Kaufleute etc.
in den Städten und auf dem Lande abgegeben würden, welche sie
dann in ganzen Bogen oder auch einzeln unter denselben Gesetzen
und Vorschriften verkaufen könnten, wie solche jetzt bei dem Verkaufe der fiskalischen Stempel vorgeschrieben sind. Kaufleute und
andere Personen, welche eine ausgebreitete Korrespondenz haben,
könnten diese »slips« in grösserer Menge kaufen, sie einzeln auseinanderschneiden, vor dem Gebrauche ihrer Rückseite mit einem
Schwamme oder Pinsel anfeuchten und sodann auf den betreffenden Brief kleben. — — — Andere, die nur 1 oder 2 »slips«
benötigen, könnten dieselben zugleich mit dem Briefpapier in der
Papierhandlung kaufen. — — — Um zu verhindern, dass die
Marke ein zweitesmal gebraucht wird, könnte man die Postmeister
beauftragen, den Ortsstempel samt Datum über dieselbe zu drucken.«
— — — Chalmers erörtert nun die Vorteile seines Planes und
bespricht die Hindernisse, welche dem Hill'schen, nämlich: zur
Frankierung gestempelte Couverte oder auch Papierbogen mit aufgedrucktem Stempel zu verwenden, entgegen ständen. Und diese
Einwände waren wohl begründete, da man 1837 Couverte kaum
kannte und nie benutzte, weil dann doppeltes Postporto zu zahlen
war — die mit einem Stempel versehenen Briefbogen aber, obwohl sie auf Hill's dringende Bitte endlich sanktioniert worden
waren, eigentlich nie in Verwendung traten. Das Publikum kaufte
eben sein Papier von Papierhändlern, nicht aber vom Stempelamt
und klebte dann eine Marke auf den Brief. Zum Schluss heisst
es dann: »Wenn ich alle diese Nachteile des Hill'schen Projekts
in Betracht ziehe, so muss ich zu dem Schlusse gelangen, dass

die gestempelten slips wirklich jedem anderen Frankierungssystem vorzuziehen sind.«

Wir haben hier den wohldurchdachten Entwurf der aufklebbaren Postmarke und deren Verwendung, während von Sir R. Hill betreffs derselben nichts anderes da ist, als das, was oben schon besprochen wurde. J. Chalmers hat den Gebrauch der aufklebbaren Postmarke für alle Fälle vorgeschlagen und die Notwendigkeit von deren Annahme ausführlich nachgewiesen — von Sir R. Hill dagegen haben wir nur die Äusserung, dass die Anwendung der aufklebbaren Marken in einem (wohl kaum zu erwartenden) Ausnahmefall stattfinden könnte. Überhaupt ist es ja auch nicht gut denkbar, dass J. Chalmers die aufklebbare Marke vorgeschlagen und so lebhaft für deren Annahme agitiert haben würde, wenn eine solche schon früher von Sir R. Hill in Antrag gebracht worden wäre — aber gerade weil dieser nur gestempelte Couverte und gestempelte Briefbogen und nichts anderes vorgeschlagen hatte, gerade deshalb trat J. Chalmers mit seiner Erfindung hervor, und zwar so bald, als dies nur geschehen konnte.

Der Chalmers'sche Vorschlag fand allgemeine Billigung. Im August 1839 wurde die Pennyporto-Bill von beiden Häusern des Parlaments angenommen und Hill auf den lauten Wunsch der öffentlichen Meinung von der Regierung beauftragt, die Ausführung der neuen Bill in die Hand zu nehmen, indem man ihm das Anerbieten machte, auf 2 Jahre für ein Jahresgehalt von 500 Pfd. Sterl. in die Postverwaltung einzutreten. Dieses Anerbieten lehnte Hill ab und erbot sich, ohne jede Entschädigung die Ausführung des Reformplanes zu übernehmen. Darauf bot ihm die Regierung ein Jahresgehalt von 1500 Pfd. Sterl. unter dem Vorbehalt der Entlassung nach zwei Jahren, worauf Hill einging. Unterm 23. August erliess nun das königliche Schatzamt eine Aufforderung, Vorschläge zu machen, wie das neue Pennyportosystem am praktischsten durchgeführt werden könne, und auch Muster von Frankierungszeichen einzusenden. Einschliesslich des Chalmers'schen wurden 50 Vorschläge eingereicht, welche sämtlich die Einführung des aufklebbaren Frankierungszeichens empfahlen, welches 1834 von Chalmers erfunden und inzwischen allgemein bekannt geworden war. Am 26. Dezember 1839 wurde vom Schatzamte die Einführung der Chalmers'schen Frankierungszeichen neben den Hill'schen gestempelten Couverts und Briefbogen verfügt. Am 10. Januar 1840 trat das Pennyportosystem ins Leben. Die Ausgabe der Couverts mit eingedruckten Wertzeichen sowie die der Briefmarken erfolgte gleichzeitig am 6. Mai 1840. Die gestempelten Briefbogen gelangten vernünftigerweise überhaupt nicht zur Ausgabe.

Die Muster der neuen Postwertzeichen hatte man auf folgende Weise erhalten. Infolge des oben erwähnten Konkurrenz-Ausschreibens von Postwertzeichenproben seitens der Regierung waren nach Hill's Angabe ungefähr 3000 Muster (sogenannte Essays) eingereicht; nach der wohl richtigeren Angabe des Kupferstechers Bacon, der die ersten Briefmarken nach dem von J. Chalmers erdachten Prinzip angefertigt hat, sollen aber nur 200—300 Einsender gewesen sein. Den ersten der ausgesetzten beiden Preise von 200 Pfd. erhielt Mulready, den 2$^{ten}$ von 100 Pfd. Cheverton, der einen weiblichen Kopf von höchster Schönheit als Muster eingereicht hatte. Später wurden die Marken bekanntlich den Münzen nachgebildet und trugen den idealen Kopf der Königin von England; dieselben waren auf Vorschlag des Kupferstechers Bacon nach der Wyonschen City-Medaille angefertigt. Die Mulready-Couverts missfielen infolge ihrer Zeichnung gleich derartig, dass das Publikum davon nicht kaufen wollte, und die Vorräte einfach vernichtet werden mussten. Dagegen gefiel die Briefmarke allgemein; es war darnach eine so grosse Nachfrage, dass die Pressen, obwohl sie Tag und Nacht in Thätigkeit waren, nicht genug liefern konnten, wie Chalmers es vorher gesagt hatte.

Wenn auch der Postverkehr infolge der Einführung des billigen Portosystems einen gewaltigen Aufschwung nahm, so war das finanzielle Resultat vorerst durchaus kein günstiges. Hierüber hatte sich Hill selbst einer grossen Täuschung hingegeben. Er hatte angenommen, dass die Einbusse des ersten Jahres nach Einführung des neuen Systems 300 000 Pfd. Sterl. nicht übersteigen werde. Der Überschuss dieses Jahres bezifferte sich jedoch nur auf rund 500 000 gegen 1 500 000 Pfd. Sterl. im Vorjahre, wobei sich die Anzahl der Briefe verdreifacht hatte. Die Postbehörde glaubte anfangs, dass das neue System den Ausfall niemals decken werde. Dies erwies sich jedoch in der Folge als irrig, denn i. J. 1850/51 wurde die alte Brutto-Einnahme erreicht und im Jahre 1863 war das Gleiche der Fall bezüglich der früheren Reineinnahme. Diese Steigerung ist aber nicht allein der neuen Portotaxe zuzuschreiben, sondern es wirkte vieles dazu mit, z. B. die Verbesserung und Erweiterung der Postanlagen, die Beschleunigung in der Beförderung, die Zunahme der Bevölkerung, der wachsende Wohlstand, die Entwicklung des Handels und der Industrie, die Eisenbahnanlagen u. a. m. Bronne sagt in seinem oben schon angezogenen Werke: »Endlich muss man konstatieren, dass der Einfluss der Eisenbahnen auf die postalischen Verhältnisse ein ausserordentlicher ist.« . . . Derselbe sagt a. a. O.: »Man könnte mit einem hohen englischen Verwaltungsbeamten sagen, dass es zweifelhaft ist, ob ohne die Eisenbahnen die Reform diejenigen Resultate hätte geben können, welche sie geliefert hat, wie gering diese auch gegen die Erwartungen gewesen sein mögen.«

Nach den oben dargelegten Gründen haben wir also James Chalmers als den wirklichen Erfinder der aufklebharen Frankierungszeichen anzusehen. Es erscheint fast unbegreiflich, wie man so lange Jahre hindurch Hill die Ehre dieser Erfindung zuschreiben konnte. Hill eignete sich das Verdienst des bescheidenen und patriotischen Chalmers, dem es genügte, wenn sein Vaterland Nutzen von seiner Erfindung ziehen konnte, einfach zu und nahm alle Ehrenerweisungen und Belohnungen, welche ihm in so reichem Masse zu teil wurden, ohne den geringsten Einspruch hin. Aber es ist im Leben oftmals hässlich eingerichtet, wie der Dichter sagt, denn wie oft kommt es im Leben nicht vor, dass nicht der wirkliche Erfinder die Früchte seiner Arbeit geniesst, sondern derjenige, welcher die Erfindung geschickt zu benutzen weis und dieselbe für seine eigene ausgiebt. Er braucht dabei nicht einmal die Erfindung direkt für seine eigene auszugeben, sondern nur den Namen des Erfinders zu verschweigen, so fällt mit der Zeit der Name des wahren Erfinders der Vergessenheit anheim. Da nun der Name des Benutzers mit der Erfindung eng verwoben ist, so wird der Benutzer im Glauben des Volkes schliesslich zum Erfinder, wenn der Forschergeist hier nicht ein gebieterisches Halt riefe und Licht in die Dunkelheit brächte, denn auf die Dauer kann eine solche Täuschung dem Forschergeiste nicht widerstehen. Der Forscher giebt dem Erfinder sein Recht, aber — — zu spät!

Ähnlich ist das Verhältnis zwischen Hill u. Chalmers. Hill heimste die Ehren ein, welche Chalmers doch zum grossen Teil mit zukommen. Das englische Volk mit der Kaufmannschaft an der Spitze veranstaltete aus Dankbarkeit für Hill eine National-Subscription, welche die respektable Summe von 13000 Pfd. Sterl. aufzuweisen hatte. Ein Wechsel der Parteien in der Besetzung des Ministeriums hatte die Entlassung Hill's zur Folge. 1846 wurde er jedoch wieder in eine amtliche Stellung berufen, und zwar im Generalpostamt selbst, wo er 18 Jahre lang, anfangs unter dem Titel eines Sekretärs des Generalpostmeisters und von 1854 ab als dirigierender Sekretär thätig war. 1864 zwang ihn eine Meinungsverschiedenheit mit dem neuernannten General-Postmeister, Lord Stanley of Alderley, um seinen Abschied einzukommen. Er ward nicht nur mit Belassung seines vollen Diensteinkommens von 2000 Pfd. Sterl. in den Ruhestand versetzt, sondern auf eine besondere Regierungsvorlage wurde ihm auch noch durch Parlamentsbeschluss eine Nationalbelohnung von 20 000 Pfd. Sterl. zuerkannt. Seine Königin ehrte den verdienstvollen Mann ausserdem durch die Verleihung des Bathordens, womit zugleich die Erhebung in den Ritterstand verbunden ist. Die Society of Arts verlieh ihm ihre goldene Medaille, und die Universität Oxford den Grad eines Ehrendoktors der Rechte. Am 27. August 1879 schied er reich an Ehren und an Jahren aus dem irdischen Leben, nachdem ihm wenige Wochen zuvor auf Beschluss des Gemeinderats die seltene Auszeichnung des Ehrenbürgerrechts der City von London zuerkannt war. Diese Auszeichnung scheint ihm die grösste Freude gemacht zu haben. Beim Empfange der Deputation, welche ihm den von einem goldenen Kästchen umschlossenen Ehrenbürgerbrief überreichte, konnte der ehrwürdige Greis vor Thränen der Rührung nicht Worte finden, um seinen Dank auszusprechen. Sein Sohn las die Erwiderung vor.

Hill wurde in der Westminster-Abtei feierlich beigesetzt, wo er jetzt neben den grössten Männern Englands der Auferstehung harrt.

Seine Statue steht in London auf dem Platze vor der Börse. Ihm zu Ehren wurde durch freiwillige Beiträge der Sir Rowland Hill Gedächtnis- und Wohlthätigkeitsfonds gestiftet, aus welchem arbeitsunfähige Postbeamte, sowie deren Witwen und Waisen im täglichen Kampfe ums Dasein unterstützt werden. So wird sein Name unvergesslich bleiben!

Seit jedoch klar gestellt ist, dass Hill nicht der Erfinder des billigen Portosystems und der Briefmarke ist, lassen die freiwilligen Beiträge zu diesem Fonds bedeutend nach. Ein herrliches Zeichen des Gerechtigkeitssinnes, der im englischen Volke lebt!

Nicht so grosse Ehren und Belohnungen erntete Chalmers bei seinen Lebzeiten, obwohl jetzt infolge der Bemühungen seines

Sohnes ihm die Ehre der Erfindung allerseits zugeschrieben wird. Er hat die bittere Wahrheit des Sprichwortes, welches Undank als der Welt Lohn bezeichnet, erfahren müssen. Doch ganz verkannten die Mitlebenden die Verdienste Chalmers nicht. Eine Anzahl der angesehensten Bürger Dundees überreichte ihm am 1. Januar 1846 in der grossen Rathaushalle als Zeichen der Anerkennung seiner Verdienste eine Ehrengabe in Gestalt eines prächtig gearbeiteten silbernen Claretkruges mit der Inschrift:

»Gewidmet James Chalmers Esq. Dundee, in Anerkennung seiner um die Beschleunigung der schottischen Post, dann um das Postwesen überhaupt erworbenen Verdienste. Am 1. Januar 1846.«

Chalmers starb am 26. August 1853 im Alter von 71 Jahren und wurde auf dem alten Kirchhofe zu Dundee feierlich beigesetzt. Der Kirchhof ist längst aufgelassen und in eine öffentliche Anlage verwandelt. Im Jahre 1888 errichtete ihm sein Sohn an dieser Stelle ein Denkmal, welches die Inschrift trägt:

»Zum Gedächtnis James Chalmers, Buchhändler in Dundee. Geboren 1782. Gestorben 1853. Erfinder der aufklebbaren Postmarke, die das Pennyportosystem vom Jahre 1840 vor dem Scheitern gerettet, ihm zu einem unbegrenzten Erfolge verholfen hat und seitdem von allen Postanstalten der ganzen Erde angenommen wurde. Dies Denkmal errichtete ihm sein Sohn Patrick Chalmers in Wimbledon. 1888.«

Angeregt durch die vielen Pamphlete, welche P. Chalmers zu Gunsten seines Vaters veröffentlicht hatte, fasste der Stadtrat von Dundee am 3. März 1883 einen Beschluss, durch welchen er die Verdienste des verstorbenen J. Chalmers in ehrenvoller und gebührender Weise anerkennt. Der Beschluss lautet:

»Nach Erwägung des Inhalts des kürzlich veröffentlichten Pamphlets, betreffend die Erfindung des aufklebbaren Frankierungszeichens, ist der Stadtrat zu der Überzeugung gekommen, dass darin vollkommen sicher erwiesen sei, dass der verstorbene James Chalmers, Buchhändler in Dundee, der Erfinder der Briefmarke, dieses für die Durchführung unseres jetzigen Postsystems so unerlässlichen Mittels, ist. Dieser Beschluss soll dem Protokoll einverleibt werden.«

Nachdem England die Briefmarke eingeführt hatte, folgten bald alle andern Staaten nach. 1843 adoptierten Brasilien und Zürich die Briefmarke, 1844 Genf, 1845 Basel, Finnland, Russland (beide nur Couverts), 1848 (1857) Russland (Marke), nachdem

Finnland ihm schon vorausgegangen war, 1849 folgten Frankreich, Belgien und Baiern, welches also den übrigen deutschen Staaten bei der Einführung der Briefmarke voranging. 1850 führten Österreich, Sachsen, Preussen, Schleswig-Holstein, Hannover und Spanien, 1851 Baden, Württemberg und Oldenburg die Briefmarken ein, 1856 Mecklenburg-Schwerin, 1863 die Türkei und endlich 1864 Mecklenburg-Strelitz.

Bald fanden die Briefmarken auch in allen nur halbwegs civilisierten Ländern der ganzen Welt Eingang. Die Gesamtzahl der Postwertzeichen beziffert sich nach oberflächlicher Schätzung auf ca. 10000, denen natürlich fast täglich neue hinzugefügt werden.

## 5 Erfindung der Postkarte.

Scheinbare Kleinigkeiten, die auf den ersten Blick unbedeutend erscheinen, sind im Laufe der Zeit oft wichtige Faktoren geworden. Als eine solche Kleinigkeit kann man unsere heutige Postkarte bezeichnen, welche, wenn auch anfangs nicht in ihrem vollen Werte erkannt, jetzt ein äusserst wichtiger, ja unentbehrlicher Faktor unseres modernen Verkehrslebens und ein charakteristisches Zeichen unseres Kulturstandes geworden ist. Das Letztere insofern, als sie den schnelllebigen Charakter der Gegenwart kennzeichnet; entspricht sie doch aufs klarste dem Grundcharakter des modernen Verkehrslebens, dessen Hauptgesetze Kürze, Schnelligkeit und Billigkeit sind. Der Sieg der Postkarte bedeutet den Tod des langen Briefes. Der Briefschreiber der Jetztzeit hat nicht mehr seine Aufgabe darin zu suchen, einen ausführlichen, mit überflüssigen Redensarten und Titulaturen übermässig versehenen Brief zu verfassen, nein, seine Hauptregeln sind jetzt: Kürze, Bestimmtheit des Ausdrucks und erschöpfendes Zusammenfassen. Es lässt sich nicht läugnen, dass die Postkarte neben der Depesche einen grossen Einfluss zum Bessern auf unser geistiges und soziales Leben ausübt. Alles in Allem können wir behaupten: Die Postkarte ist ein Kind unserer Zeit.

Obgleich die Postkarte oder Korrespondenzkarte, wie sie anfänglich genannt wurde, in Österreich zuerst eingeführt ist, so gebührt die Ehre und das Verdienst der Erfindung doch keinem geringeren als dem deutschen General-Postmeister, Staatssekretär Dr. von Stephan. Derselbe, damals noch Geheimer Postrat beim Kgl. Preuss. General-Postamt, reichte bei dem 5. deutschen Postkongress, welcher im Oktober 1865 in Karlsruhe tagte, eine Denkschrift ein, welche lautet*):

»Die Form der Briefe hat, wie viele andere menschliche Einrichtungen, im Laufe der Zeiten mancher Wandlung unterlegen.

---

*) Entnommen einem Aufsatze des Herrn C. von Gündel im Taschenbuch für Briefmarkensammler 1889.

Im Altertum wurden die Wachstafeln, welche die Schrift enthielten, mit Ringen verbunden. Die Briefe waren so zu sagen ein Buch. Dann kam die Form der Rolle, welche noch bis ins Mittelalter reicht. Diese machte wiederum der bequemeren Form des **Faltens** bez. **Couverts** Platz. Jene Hauptformen bildeten sich in allmäliger Entwickelung und durch verschiedene Übergangsstufen aus. Das Material war dabei von Einfluss: — die Tafel, das Pergament, das Papier; in neuester Zeit sind Versuche gemacht, Briefbogen aus Eisen herzustellen. Das Material war aber für die Form der Briefe nicht allein entscheidend: vielmehr wurde dieselbe auch durch achtbare Bräuche, wie durch flüchtige Moden, durch geschäftliche Bedürfnisse, wie durch die Arten des Transports wesentlich mit bestimmt. Aus den verschiedenen Wandlungen ist die Form aber immer **einfacher** hervorgegangen. Dies dürfte zum Teil auch von der **Form** des **Inhalts** gelten, wie der Schwulst des Briefstils früherer Zeiten, die Häufung der Titulaturen u. s. w. beweist.

»Die jetzige Briefform gewährt für eine erhebliche Anzahl von Mitteilungen nicht die genügende **Einfachheit** und **Kürze**. Die **Einfachheit** nicht, weil Auswahl und Falten des Briefbogens, Anwendung des Couverts, des Verschlusses, Aufkleben der Marke etc. Umständlichkeiten verursachen; und die Kürze nicht, weil, wenn einmal ein förmlicher Brief geschrieben wird, die Konvenienz erheischt, sich nicht auf die nackte Mitteilung zu beschränken. Die Weitläufigkeiten treffen den Absender, wie den Empfänger. In unsern Tagen hat das Telegramm bereits eine Gattung von Kurzbriefen geschaffen. Nicht selten telegraphiert man, um die Umständlichkeit des Schreibens und Anfertigung eines Briefes zu ersparen. Auch die Übersendung einer Visitkarte etc. ersetzt für verschiedene Gelegenheiten einen förmlichen Brief.

»Diese Betrachtungen lassen bei dem Postwesen eine Einrichtung etwa in nachstehender Art vielleicht als zeitgemäss erscheinen:

»Bei allen Poststellen, sowie bei den Briefträgern und Landbriefträgern kann das Publikum Formulare zu offenen Mitteilungen erhalten. Ein solches Formular, »Postblatt«, hat die Dimensionen eines gewöhnlichen Briefcouverts grösserer Art und besteht aus steifem Papier, entspricht mithin nach Dimension und Beschaffenheit den in einigen deutschen Postbezirken neuerdings eingeführten Postanweisungen. Die Vorderseite würde oben als Überschrift die

Benennung des Postbezirks und eine entsprechende Vignette (Landeswappen etc.) tragen, links einen markierten Raum zum Abdruck des Post-Aufgabestempels, rechts die Postfreimarke gleich in das Formular hineingestempelt. Dann ein Raum zur Adresse (wie bei den Postanweisungen) mit dem Vordruck: »An«, »Bestimmungsort« und »Wohnung des Empfängers«, sowie die vorgedruckte Notiz: »die Rückseite kann zu schriftlichen Mitteilungen jeder Art benutzt werden«: dieselben können, gleichwie die Adresse, mit Tinte, Bleifeder, farbigem Stift etc. geschrieben sein; indess darf bei Verwendung von Bleistift etc. der Deutlichkeit und Dauerhaftigkeit der Schriftzüge, namentlich auf der Adresse, nicht Eintrag geschehen. Ein solches Postblatt wird nun gratis durch die Post befördert, da der Portobetrag beim Kauf des Formulars entrichtet worden ist. Dieser Portobetrag würde möglichst niedrig festzustellen sein, etwa auf 1 Silbergroschen ohne Unterschied der Entfernung; für das Formular wird nichts entrichtet.

»Die Manipulation der Postblätter im technischen Postdienst würde sich, wie wie Erfahrung bei den Postanweisungen bewiesen hat, wegen der gleichmässigen Form, der klaren Adressen und der Markenfrankatur sehr zweckmässig gestalten. Dem Publikum dürfte die Einrichtung, zumal wenn die anfängliche Scheu vor offenen Mitteilungen bei näherer Einsicht von der Sache überwunden sein wird, für viele Angelegenheiten und Verhältnisse willkommen sein. Wie umständlich ist es z. B. oft, auf Reisen unterwegs eine kurze briefliche Nachricht von der glücklichen Ankunft, von der Nachsendung eines vergessenen Gegenstandes etc. an die Angehörigen gelangen zu lassen; künftig wird ein Postblatt aus dem Portefeuille gezogen, mit Bleistift im Coupé, auf dem Perron ausgefüllt, und in den nächsten Briefkasten oder Eisenbahnpostwagen gesteckt. Hinsichtlich einer grossen Zahl von Bestellungen, Benachrichtigungen etc. würde die Übermittelung »per Postblatt« wahrscheinlich bald in die geschäftliche Usance, wie in den geselligen Gebrauch übergehen.«

Die Mitglieder des Kongresses erkannten jedoch die grossartige Bedeutung des Stephan'schen Vorschlages nicht und lehnten denselben ab. Nur der österreich-ungarische Vertreter, der geistreiche und weitblickende Sektionsrat und spätere General-Post- und Telegraphendirektor Freiherr von Kolbensteiner ergriff den Gedanken Stephan's und wirkte in Verbindung mit dem Ministerialrat im österreichischen Handelsministerium Dr. Emanuel Hermann, welcher damals die Stelle eines Professors der National-Ökonomie an der Militär-Akademie zu Wiener-Neustadt bekleidete, für die Einführung der Postkarte in seinem Vaterlande und zwar erfolgreich. Diese beiden Herren verfassten einen Artikel, welcher unterm 26. Januar 1869 in der »Neuen Freien Presse« erschien und den Zweck verfolgte, die Postverwaltung zur Einführung der Korrespondenzkarte zu veranlassen. Am 1. Oktober 1869 wurden die ersten Postkarten für die österreich-ungarische Monarchie ausgegeben und vom Publikum äusserst sympathisch begrüsst. Die Ausführung der Korrespondenzkarten entsprach völlig dem Postblatte, welches Stephan in seiner Denkschrift empfohlen hatte. Dieselben wurden ohne Rücksicht auf die Entfernung innerhalb der Monarchie für 2 Neukreuzer befördert.

Am 25. Juni 1870 wurden auch im deutschen Postgebiet die ersten Korrespondenzkarten (vom März 1872 ab hiessen sie Postkarten) ediert. Das Porto für diese Karten betrug 1 Sgr. oder 5 Kr., war also dasselbe wie für Briefe. Dies kommt daher, weil man den Vorteil der Postkarte weniger in der Billigkeit als in der Bequemlichkeit suchen zu müssen glaubte. Man kann nicht behaupten, dass bei uns die Neuerung anfänglich mit grossem Beifall aufgenommen wurde; man hatte eine Verminderung des Portos erwartet und dies brachte sie nicht. Es wurden allerdings innerhalb zweier Monate 2 Millionen verkauft, doch hat dies wohl mehr seinen Grund in dem Reiz der Neuheit und auch in der Bequemlichkeit, indem man sich die Arbeit des Brechens, der Couvertierung des Siegelns oder Zuklebens ersparte. Es ist jedenfalls sehr fraglich, ob die Postkarte es zu einem durchschlagenden Erfoge gebracht haben würde, wenn ihr Porto dem des einfachen Briefes gleich geblieben wäre. Man brachte eben der Öffentlichkeit dieser Korrespondenz noch zu viel Vorurteile entgegen.

Da kam der deutsch-französische Krieg! Die Postverwaltung führte für die Dauer der Mobilmachung besondere Feldpostkarten ein, welche unentgeltlich abgegeben und befördert wurden. Der Vordruck auf diesen Feldpostkarten kam der Unwissenheit des Publikums in militärischen Dingen zu Hülfe. Die Karten trugen nämlich folgende, für die pünktliche Bestellung im Felde erforderlichen Angaben, wie . . . . . . Armeekorps, . . . . . . Division, . . . . . . Regiment No. . . . . . .

Vom 1. Juli 1872 ab wurde das Porto für die Postkarten innerhalb Deutschlands und Österreich-Ungarns auf $1/_2$ Sgr. oder 2 Kr. ermässigt.

## Erfindung der Postkarte.

Als einen Fortschritt kann man die Einführung der Postkarte mit Rückantwort am 1. Januar 1872 bezeichnen, ebenso die neuerdings von einigen Staaten eingeführten Kartenbriefe.

Nach dem Vorgehen Österreich-Ungarns und Deutschlands nahmen allmälig alle Staaten die Postkarte an. Sollte diese kleine Abhandlung Anklang finden, so werde ich später ausführlicher über dieses Thema berichten.

Ein äusserst schönes, lyraartiges Ornament im weissen Hochdrucke

Ein Postwerthzeichen-Entwurf von Charles Whitings. (Im Besitze des Herrn Huxhagen in Braunschweig.)

## 6. Ein Postwertzeichen-Entwurf Charles Whitings.

### Von Franz Himmelbauer.

(Der Originalentwurf befindet sich im Besitze des Herrn E. Huxhagen, Lehrer, in Braunschweig.)

Man mag über den wissenschaftlichen Wert von Entwürfen und Probedrucken sehr geteilter Meinung sein, keiner aber, der es mit der Briefmarkenkunde gut meint, wird es wagen solchen dieser Stücke, die ein wirklich geschichtliches Interesse beanspruchen können, ihren hohen Wert und ihre grosse Bedeutung abzusprechen. Und wenn wir es nun gar mit Entwürfen zu thun haben, die aus der Zeit der Wiedereinführung der Postwertzeichen und der Erfindung der Briefmarken herrühren, so haben wir fürwahr einen Schatz in Händen, eine reiche Fundgrube für den Forscher.

Im Besitze des Herrn E. Huxhagen, des Schriftleiters der »Philatelia«, befindet sich nun ein solcher Schatz: ein Postwertzeichen-Entwurf aus der Zeit der englischen Postreform und von einem Manne herrührend, dessen Namen allen Philatelisten nicht unbekannt sein dürfte: ich meine Charles Whiting. Leider — und dies sei gleich hier bemerkt — war es trotz eifrigem, monatelangen Forschen nicht möglich, ganz genaues über die Herstellungszeit und die Bedeutung der entworfenen Stempel zu erfahren, doch konnte die Wahl, die bezüglich der Zeit zwischen 1837/38 und 1839 schwankte, mit einiger Sicherheit zu gunsten der ersteren Angabe entschieden werden.

Bevor ich auf Whiting selbst und dann das Wesen des Bogens übergehe, sei es mir gestattet eine möglichst getreue Beschreibung des in Lithographie hergestellten Bogens zu geben.

Auf einem weissen, starken Papier ($22.5 \times 29$ cm) finden wir einen grünen, viereckigen Rahmen, dessen äusserer Teil grün auf weiss und dessen innerer Teil weiss auf grün guillochiert ist; der Letztere ist in der Höhe dreimal, in der Breite zweimal von einem ungefähr 3 cm langen Ornament unterbrochen. Der Raum zwischen dem Rahmen und dem Folgenden ist in grünen Punkten gemustert. Ein äusserst schönes, lyraartiges Ornament im weissen Hochdrucke bildet den Kranz um die auf dem einfach-weissen Grunde gedruckten Entwürfe. Die schöne Ausführung der Lyra entschuldigt, dass ich hier näher darauf eingehe: Von unten bis nicht ganz in die Hälfte reichen zu beiden Seiten ornamentale Blätter, während bis hinauf sich an beiden Teilen Schlangen und reiches Weinlaub winden. Auf dem reichgeschmückten Joche ruht eine ornamentale Muschel, auf diese beugt sich ein Falter nieder, dessen Flügel, den grünen Rahmen durchbrechend, bis zu der dreilinigen Einfassung reichen. Goldfasane zu beiden Seiten halten in ihrem Schnabel von der Mitte ausgehende Gewinde.

Vier Zeichnungen auf dem von der Lyra freigelassenen Mittelraum sind es nun, die unser Interesse in hohem Grade beanspruchen.

Der erste elliptische (Achsen 3,4 und 3 cm) unverkennbar für Briefumschläge bestimmte Entwurf besteht aus zwei guillochierten Ringen, von denen der äussere oben das Wort PAID in weiss trägt. Innen erblicken wir in weissem Hochdruck einen nach rechts gewendeten weiblichen Kopf von grosser Schönheit, doch ist, da kein Abzeichen königlicher Würde zu ersehen ist, nicht zu erweisen, ob wir es hier mit dem Kopf der Königin Victoria oder einem weiblichen Idealkopf zu thun haben.\*) Der Haarschmuck besteht in einem Reifen; rückwärts sind die Haare zu einem Knoten gebunden, von dem eine ungefähr 2 mm lange Locke herabhängt. Die Farbe ist ein gedämpftes roth.

Unter diesem Entwurf stehen zwei durch einige mm von einander getrennte vollständig gleiche Zeichnungen in quadratischer Form (von 23 mm Seitenlänge). Sie sind in folgender Weise ausgeführt: Von drei concentrisch stehenden Ellipsenringen sind der äusserste und innerste guillochiert, während der mittlere oben die Inschrift trägt: PRINCIPLE SUGGESTED (vorgeschlagenes Princip) und unten: BEAUFORT HOUSE (Wohnung Whitings). In den Ecken sind in kleinen Quadraten auf farbigem Grund oben links A, rechts 3, unten links C, rechts W — der Raum zwischen diesen Quadrätchen und der äussersten Ellipse ist wagerecht gestreift. Links und rechts sind ovale, weisse Schildchen mit den Buchstaben: V und R (ohne Zweifel Victoria Regina). Das mittlere weisse Feld zeigt die Königskrone. Die Farbe des rechten Musters

---

\*) Es sei daran erinnert, dass ein weiblicher Idealkopf (en relief) auch im J. 1839 von Cheverton für Briefumschläge vorgeschlagen wurde. Cheverton erhielt den zweiten Preis (100 Pfund), Mulready bekanntlich den ersten.

ist blau, ebenso die Grundfarbe des Musters links, nur wird hier die blaue Farbe von einem zinnoberroten Stern in der Richtung der beiden Diagonalen durchsetzt; in derselben Farbe sind auch in den vier Seiten kleine Dreieckchen, deren Spitzen ebenfalls der Mitte zustreben.

Die letzte Darstellung auf der Vorderseite, in blauer Farbe ausgeführt, ist rätselhafter Natur. Auf einem 75 mm breiten, 50 mm hohem Rechteck, dessen Ecken concav ausgeschnitten sind, ruht eine Scheibe von 65 mm Durchmesser. Auf dem innern Endpunkt des ersten und letzten Fünftels des wagerechten Durchmessers dieser Scheibe, sind die Mittelpunkte von wieder zwei Scheiben (Durchm. 32 mm). Jene links trägt die heraldischen Blumen Englands, jene rechts die verschlungenen weissen Buchstaben V. R. — Die ganze Zeichnung ist überaus reich und schön guillochiert.

Dasselbe gilt von der Darstellung, die in sehr schöner Ausführung als Rechteck von den Seiten 16,6 cm und 9,5 cm auf der Rückseite den Raum ausfüllt, den vorne die vier beschriebenen Muster einnehmen. Die Inschrift lautet:

*PRINTED BY*\*\*)
**CHARLES WHITING**
BEAUFORT HOUSE\*\*)
STRAND LONDON\*\*)
FOR PROTECTION AGAINST
FORGERY\*\*)

Rechts und links, senkrecht laufend, finden wir die kleinen Inschriften: »PATENT COMPOUND« — »PLATE PRINTING« (Patentirter, zusammengesetzter — Plattendruck). Die Zeichnung ist rot und grün gemustert, die Guilloche weiss und meistens maschig.

Whitings Gestalt tritt uns in der Geschichte der englischen Postreform einigemale entgegen. 1830 machte er den Vorschlag, Drucksachen in rohem nicht gebundenen Zustand in gestempelten Umschlägen (eine Art von Streifbändern) zu befördern. Der Commission of the Post Office Inquiry für das Jahr 1837/38 gab er darüber Auskunft und legte dabei Proben vor: dieselben trugen einen aufgedruckten Stempel »und auf ihrer Vorderseite sollte

---

\*\*) Die betreffenden Zeilen sind weiss, die andern farbig. Die Uebersetzung lautet: Gedruckt von / Charles Whiting / Beaufort Haus / zum Schutze gegen / Fälschung.

deutlich lesbar angegeben werden, dass unter diesem Umschlage ein gewisses Gewicht gedruckter Sachen von der Post zu einem gewissen Preise befördert werden sollte.«

Herr v. Gündel, an den ich mich in dieser Angelegenheit wendete und der mir in drei Briefen in dankenswerter Weise wichtige Mitteilungen machte, schreibt mir auch, dass ein gewisser Harwood in Folge der Ausschreibung des Schatzamtes vom 23. August 1839 Charles Whiting beauftragte, für ihn nach seiner Angabe das Muster eines Couvertstempels anzufertigen. Näheres über dieses Muster, das auch wirklich vorgelegt wurde, ist nicht zu finden. Ebenso ist in keiner Weise erwiesen, ob Whiting in eigener Person einen Postwertzeichen-Entwurf einsandte.

Ziehen wir nun folgende Umstände in Rechnung: Whiting legte der Kommission vom J. 1837/38 Entwürfe seiner „go-frees" vor, wobei er möglicherweise auch mehrere Proben für den Wertstempel vorzeigen konnte; wir haben keine Nachricht darüber, dass Whiting Proben im J. 1839 einsandte, vielmehr fertigte er einen Couvertstempel für einen gewissen Harwood an, der wirklich vorgelegt wurde; 1839 war es schon bekannt, dass Stempel für die Werte von 1 Penny und 2 Pence angefertigt werden sollten, wir finden auf unseren Entwürfen aber keinerlei Wertangabe; bei den »go-frees«, die 1837/38 vorgelegt wurden, war eine Wertangabe auf dem Stempel ganz und gar nicht notwendig, indem auf die Umschläge ausser dem Stempel auch noch deutlich lesbar die Angabe gedruckt werden sollte, »dass unter diesem Umschlage ein gewisses Gewicht gedruckter Sachen zu einem gewissen Preise befördert werden sollte." Whiting meinte also, dass das Porto nicht auf den Stempel, sondern auf den Umschlag selbst gedruckt werden sollte; auch die Inschriften Paid, principle suggested u. s. w. wären im Jahre 1839 kaum passend gewesen; der frühere Besitzer des Bogens (Nicht-Philatelist) setzte dessen Entstehungsjahr auf 1837 fest und wenn wir schliesslich noch darauf hinweisen, dass wir keinen Grund haben, die beiden viereckigen Muster als Briefmarkenentwürfe anzusehen, vielmehr als Vorschläge von **einfacheren und daher auch billigeren Stempeln** betrachten können, wie sie auf Umschläge gedruckt werden könnten, sowie darauf aufmerksam machen, dass die Proben wegen der Buchstaben »V. R.« (Victoria Regina) nicht aus dem Jahre 1830 herrühren können, so müssen wir zu dem authentisch zwar nicht begründeten Schlusse kommen, dass die besprochenen **Entwürfe wahr-**

scheinlich im Jahre 1837/38 als Wertstempel für Whitings „go-frees" vorgelegt wurden.

Noch möchte ich hier einige Worte bezügl. des weiblichen Kopfes auf dem ersten Entwurf anfügen. Schon oben gelegentlich der Beschreibung wurde erwähnt, dass wir auf demselben keinerlei Abzeichen der königlichen Würde (Krone oder Diadem) finden und dass auch 1839 von anderer Seite als Couvertstempel ein weiblicher Kopf von höchster Schönheit (jedoch nicht der der Königin) vorgeschlagen wurde. Vor einer Parlamentskommission am 30. März 1852 unter dem Vorsitz von Muntz gab Hill auf die Frage 1008: »Sie (Bacon und Fetch) waren die ersten, welche diesen Vorschlag (Postwertzeichen mit dem Bilde der Königin) machten?« folgende Antwort: »Ja, sie machten diesen Vorschlag, soweit es die Einzelheiten betraf. . . .« Herr v. Gündel hat auch in verschiedenen andern glaubwürdigen Werken Bacon als denjenigen angegeben gefunden, der zuerst das Bildniss der Königin zur Darstellung empfahl, so dass es uns schwer fällt, den Kopf für den der Königin zu halten und wir es wohl mit einem weiblichen Idealkopf zu thun haben.

Damit habe ich alles gesagt, was sich bis jetzt über diesen interessanten Bogen feststellen liess, der in den philatelistischen Kreisen Englands gar nicht bekannt ist, und daher, wenn nicht gar ein Unicum, so doch ein Stück von einem sehr hohen Werte ist. Hoffentlich wird sich noch einmal vollkommen bestimmtes über ihn sagen lassen.

Zum Schlusse gebührt mein Dank dem Besitzer des Bogens, Herrn E. Huxhagen, der mir denselben zweimal auf längere Zeit behufs Nachforschungen zur Verfügung stellte und mir erlaubte die Ergebnisse meiner Forschung in der Philatelia zu veröffentlichen, sowie dem Herrn Oberstlieutenant Karl von Gündel, der mir in bereitwilligster Weise ausführliche Auskünfte in der besprochenen Sache zukommen liess.

Abdruck aus der „Philatelia" Organ des Vereins für Briefmarkenkunde in Braunschweig.

## 7. Schluss.

In wie grossartiger Weise sich das Postwesen aller Länder, vorzüglich das deutsche, entwickelt hat, brauche ich wohl kaum zu erwähnen, da das ja jedermann bekannt ist. Ich erinnere nur an die wahrhaft grossartigen und gewaltigen Schöpfungen des Weltpostvereins und des allgemeinen Telegraphenvereins, dieser wahren Wunderwerke, deren gemeinsames Band die Völker umschlingt, näher rückt und verbrüdert. Mit der Geschichte dieser beiden Institutionen sind die Namen zweier genialer deutscher Staatsmänner, des Reichskanzlers Fürsten Bismarck und des General-Postmeisters des deutschen Reiches Dr. von Stephan eng verknüpft. Diese beiden Einrichtungen ruhen bekanntlich auf dem Grundsatze, dass ein Land soviel Korrespondenz etc. empfängt als es absendet.

Möge sich das Postwesen im Interesse des Handels und Verkehrs immer mehr entfalten und möge bei uns immer ein Mann an des Spitze stehen wie Stephan.

Ende!

# Nachwort.

Von Karl v. Gündel.

Dem Wunsche des Herrn Verlegers: Dieser schönen Festschrift ein Nachwort beizufügen, entspreche ich mit Vergnügen; — gilt es doch, eine nahezu ein halbes Jahrhundert lang bestandene historische Irrung (— vielleicht auch geflissentliche Fälschung —) richtig zu stellen — handelt es sich doch auch darum — wenn auch spät — eine langjährige Ungerechtigkeit wieder gut zu machen, die dem Andenken eines hochverdienten Mannes zugefügt worden, diesem Manne die ihm so lange vorenthaltene Würdigung seiner Verdienste zuteil werden zu lassen. Wenn ich auch an dem Inhalte des Werkchens hie und da etwas auszusetzen habe, so muss ich mich doch dahin aussprechen, dass dasselbe weitaus besser und richtiger ist als das, was früher in Deutschland von anderer Seite über die britische Postreform vom Jahre 1840 gebracht worden ist. Allerdings beruht — wie jeder Kundige finden wird, die Schrift nicht auf direkten Quellenstudien, sondern hauptsächlich auf verschiedenen in neuester Zeit in deutschen Fachblättern veröffentlichten Aufsätzen und Studien; — da aber alle diese Arbeiten nur auf Grund der zuverlässigsten Quellen verfasst worden sind, so konnte der Herr Verfasser dieselben immerhin seinem Werke unbedenklich zu Grunde legen.

So gross und werthvoll die Wohlthaten sind, die das billige einheitliche Portosystem der Menschheit gebracht hat — so wenig hat man sich doch um dessen Entstehungsgeschichte gekümmert. Was darüber bis noch vor wenigen Jahren in Deutschland veröffentlicht worden ist, ist so seicht, so einseitig, so voll von Unrichtigkeiten, dass man demselben jeden Wert absprechen muss. Mit weit grösserem Rechte könnte alles dies eher eine ganz oberflächliche Lobhudelei Sir Rowland Hills genannt werden, als eine wirklich wahrheitsgetreue Geschichte der Postreform.

Forschen wir nach den Gründen, warum sich bisher fast Niemand ernstlich und eingehend mit der Geschichte der für das Postwesen der ganzen Erde doch so wichtigen Reform befasst hat, so werden wir zu folgenden Ergebnissen kommen: Ganz abgesehen davon, dass derjenige, der eine derartige, durchaus nicht leichte Arbeit unternehmen will, unbedingt der englischen Sprache mächtig sein und Verbindungen in England haben muss — ist es auch mit nicht geringer Mühe, Arbeit und erheblichen Kosten verbunden, sich das umfangreiche Material zu verschaffen, das unumgänglich nothwendig ist, wenn eine alle gebildeten Kreise befriedigende Arbeit geboten werden soll. Beispielsweise möchte ich auf das halb offizielle, aus 313 starken Bänden bestehende Werk Hansard's »Parliaments Debates. Third Series. Commencing with the Accession of William IV, London, Cornelius Buck u. Sohn« (Parlaments-Verhandlungen. Dritte Serie. Von der Thronbesteigung Wilhelm IV. [1830] etc.) hinweisen, in dem die Verhandlungen des Parlaments sehr ausführlich wiedergegeben sind; — um also eine genaue, und richtige Geschichte der britischen Postreform vom Jahre 1840 verfassen zu können, ist es unumgänglich geboten, diejenigen zahlreichen Bände dieses Werkes durchzugehen, welche die Parlamentsverhandlungen aus den Jahren 1835—1840 enthalten und das herauszuheben, was während dieses Zeitraumes im Parlament und in seinen Kommissionen bezüglich der Reform des Postwesens verhandelt worden ist; — und dass dies keine kleine Arbeit ist, wird mir gewiss ein Jeder glauben. Nicht minder ist es aber auch geboten, verschiedene Zeitungen — wenigstens die »Times« — aus jenen Jahren zu durchsuchen — eine ebenfalls nicht wenig Geduld und Zeit erfordernde Arbeit — und schliesslich darf auch die 1059 Seiten starke Selbstbiographie Sir Rowland Hill's »The Life of Sir Rowland Hill and the History of Penny Postage. By Sir Rowland Hill and his Nephew Georg Birkbeck Hill, London 1880, — (beiläufig gesagt, eine recht trübe, unsichere und nur mit grosser Vorsicht zu benutzende Quelle) — nicht übergangen werden. Dass aber ausserdem auch noch zahlreiche Urkunden, sowie viele andere Schriften, z. B. R. Hill's berühmtes Pamphlet vom Jahre 1837 »Post Office Reform its Importance and Practicability« (die Postreform, ihre Wichtigkeit und Durchführbarkeit), die Streitschriften von Patrick Chalmers und Pearson Hill u. v. a. m. durchgenommen werden müssen, ist eine zu selbstverständliche Sache, als dass ich darüber noch ein Wort zu verlieren brauchte.

So viel steht bis jetzt **unwiderlegbar** fest:
1. Sir Rowland Hill kann **gerechterweise** nicht als der **eigentliche Erfinder** des billigen einheitlichen Porto angesehen werden,
2. der **wirkliche Erfinder** der aufklebbaren Briefmarke ist der verstorbene Buchhändler James Chalmers in Dundee und
3. die Einführung einer aufklebbaren Marke ist auch **zuerst** von diesem in Vorschlag gebracht worden.

**Für die Richtigkeit** dieser 3 Behauptungen ist eine wahrhaft **erdrückende** Menge **absolut sicherer Beweise** vorhanden, und hat auch noch Niemand den Versuch gewagt, dieselben ernstlich widerlegen zu wollen — wohl aus dem sehr einfachen Grund, weil das ein völlig aussichtsloses Beginnen sein würde.

Was aber laut wurde, das waren vereinzelte Stimmen gänzlich Unberufener und der Sache vollständig Unkundiger, die mit hämischen Worten, z. B. »die Sache Hill-Chalmers wäre recht unerquicklich« — oder »dann dehnte sich wie eine endlose Seeschlange das Thema Hill-Chalmers in den Spalten aller Fachblätter« etc., dagegen anzukämpfen versuchten. Dass derartige durch nichts unterstützte leere Phrasen bei keinem Denkenden irgend welche Wirkung hervorbringen können, bedarf keiner Erklärung. — Durch sehr gewagte Scheingründe allein wird die jetzt einmal ins Rollen gekommene Sache, die schon in den weitesten Kreisen aller Länder des Erdballs die **zahlreichsten** Anhänger gefunden hat, wahrlich nicht mehr aufgehalten werden können.

Es wird aber auch ein **jeder unbefangen Denkende sehr leicht begreifen**, dass eine nahezu zu einem Glaubensartikel gewordene, vom grossen Publikum bona fide ohne jede Prüfung angenommene **historische Irrung** (oder Fälschung?) nicht so leicht behoben werden kann, — dass dazu 1—2 magere Artikelchen bei weitem nicht ausreichen, sondern dass — um einen nachhaltigen Erfolg zu erzielen — die Sache in verschiedenen **ausführlichen Aufsätzen** mehrfach erörtert werden muss. Und dann ist ja auch die Frage: wer eigentlich die aufklebbare Briefmarke erfunden und welche Verdienste sich Sir Rowland Hill um die Reform des Postwesens erworben hat, für einen jeden **ernsten, wissenschaftlichen** Philatelisten, der nach Klarheit strebt, eine so wichtige und so höchst bedeutsame, dass ein solcher mit Interesse gern verschiedene diese Angelegenheit behandelnde Arbeiten lesen wird. Wohl kommt es einigen Wenigen recht ungelegen, die Wahrheit an den Tag treten zu sehen, — und dieser verschwindend geringe Bruchteil möchte unter allen Umständen die Sache zum Schweigen gebracht, sie der Vergessenheit anheimfallen sehen, — doch lässt sich diesen nicht helfen; — die Gründe, warum ihnen die Hill-Chalmers'sche Sache so gar unerwünscht ist, liegen ja auch so ziemlich klar auf der Hand.

Gewiss wird es Niemandem auch nur im Traume einfallen, die nicht hoch genug anzuschlagenden Verdienste verkleinern zu wollen, die sich Rowland Hill um die Reform des Postwesens erworben hat; — allein die eigentliche Erfindung des billigen einheitlichen Porto kann ihm — wofür eine Menge der sichersten Beweise vorhanden sind — in keinem Falle zugesprochen werden. Aber dadurch, dass er die riesige Masse der ihm übergebenen Akten und Blaubücher mit bewundernswürdigem Fleisse durchstudirt, aus denselben geschickt das Beste herausgezogen und dies in einer für Jeden leicht verständlichen Form in seiner im Jahre 1837 veröffentlichten Flugschrift »Die Postreform« etc. zusammengefasst hat, — dadurch, dass er mit eiserner Thatkraft, mit zäher Ausdauer und unermüdlichem Fleisse, ohne sich durch die ihm entgegenstehenden zahlreichen Hindernisse abschrecken zu lassen, seine ganze Kraft für die Reform der Post eingesetzt hat — ferner dadurch, dass er später, nachdem dieselbe vom Parlament angenommen worden war, auf das Erfolgreichste für deren Durchführung gewirkt hat, hat sich R. Hill in Wirklichkeit so unvergängliche Verdienste erworben — Verdienste, die ihm Niemand streitig machen kann oder streitig machen wird, dass es nur recht und billig ist, wenn sein Name mit dieser grossen und wohlthätigen Reform eng in Verbindung gebracht wird. Absolut unrichtig und jeder Begründung entbehrend ist es aber, Sir Rowland Hill als den Erfinder des billigen einheitlichen Porto hinzustellen.

Finden wir doch auch in der Vorlage des Schatzamtes vom 11. März 1864, als es sich darum handelte, Hill bei seinem Uebertritt in den Ruhestand nebst seinem vollen Gehalt von jährlich 2000 Pfund Sterling auch noch eine Dotation von 20 000 Pfund zu bewilligen, folgende Stelle:

»Meine Lords, vergessen Sie nicht, es nur der wunderbaren Wirksamkeit der Eisenbahnen zuzuschreiben, dass diese Resultate möglich geworden sind. Gehen Sie auch nicht — weil jetzt nicht zur Sache gehörig — auf die Frage ein, welchen Lohn wir Denen gewähren sollen, die, **ehe noch Hill seine Pläne dargelegt hatte, schon auf die Annahme des einheitlichen Porto gedrungen haben**" etc. Hier wird also mit den klarsten, nicht misszuverstehenden Worten, von der Regierung selbst ausgesprochen, dass vor Hill schon Andere auf die Annahme des einheitlichen Porto gedrungen haben. — Die Dotation wurde für die Verdienste verlangt, die sich Hill um die Durchführung der Postreform erworben hatte — keineswegs aber dafür, dass er die Grundzüge des Penny-Postsystems erfunden hätte. Auch die (— beiläufig gesagt, 3 Mal geänderte —) Inschrift auf der vor der Börse stehenden, von Onslow Ford modellierten, am 17. Juni 1882 enthüllten Bronze-Statue Hill's lautet nicht, dass Hill der Erfinder des billigen einheitlichen Porto gewesen wäre, sondern sagt nur, dass Hill im Jahre 1840 das einheitliche Porto **eingerichtet** hätte.

Derartige Beweise liessen sich noch in grosser Menge bringen; — jedoch muss ich hier von weiteren absehen, um das Nachwort nicht übermässig auszudehnen.

Wenden wir uns jetzt James Chalmers zu.

Als nach dem Tode Sir Rowland Hill's (27. August 1879) viele Blätter Nachrufe veröffentlichten, worin er auch als der Erfinder der aufklebbaren Briefmarke gefeiert wurde, erschien am 29. August 1879 in dem »Dundee Advertiser« folgender Brief: »Sir. — Mit grossem Interesse habe ich heute Ihren Artikel über den verstorbenen Sir Rowland Hill gelesen. Obgleich ich demselben willig die Ehre zuerkenne, die Reform unseres Postwesens, deren Wohlthaten wir uns jetzt erfreuen, zur Durchführung gebracht und vervollkommnet zu haben, so kann ich ihm doch in keinem Falle das Verdienst zusprechen, zuerst den Plan des einheitlichen Porto, sowie den der aufklebbaren Briefmarke vorgeschlagen zu haben, da, wie ich **gewiss** (certain) weiss, von dem verstorbenen Buchhändler James Chalmers, Castle Street, bereits vor dem Jahre 1837 ein Vorschlag gemacht wurde, der nahezu identisch mit dem ist, welchen Sir Rowland Hill in dem genannten Jahre vorgelegt hat und der für die Korrespondenz und die Finanzen so vortheilhaft geworden ist.

Ich kann mir nicht helfen, zu denken, dass in Dundee noch einige Leute leben müssen, die meine Angabe bestätigen können;

— und wenn dem so sein sollte, so halte ich für recht und billig, dass sie mit dem, was sie darüber wissen, zur Ehre ihrer Vaterstadt und ihres verstorbenen Mitbürgers hervorzutreten hätten. Ich bin« etc. »Einer, der vor 50 Jahren Einwohner von Dundee gewesen ist.«

Der Schreiber des Briefes war der in ganz Schottland wohlbekannte und sehr geachtete Lehrer David Prain in Brechin. Er erklärt zugleich in seinem Schreiben, dass er gewiss wüsste, dass J. Chalmers schon vor dem Jahre 1837 (in welchem R. Hill mit seiner berühmten Flugschrift hervorgetreten war), einen Plan des einheitlichen Porto vorgeschlagen hätte, der nahezu identisch mit dem 1837 von R. Hill veröffentlichten gewesen wäre. Wenn ich dieser Angabe auch keineswegs den Werth eines sicheren Beweises zusprechen kann, dass J. Chalmers schon vor R. Hill das einheitliche Porto vorgeschlagen hätte — so giebt die Sache doch immerhin zu denken, wenn man in Betracht zieht, dass J. Chalmers schon seit dem Jahre 1822 sich eifrigst mit postalischen Angelegenheiten befasst hatte und David Prain ein sehr geachteter Mann war, der sich wohl schwerlich zu einer Unwahrheit herbeigelassen haben möchte.

Infolge des oben angeführten Briefes traten verschiedene Personen für J. Chalmers ein, darunter der seinerzeit sehr bekannte Postreformer Josef Hume in Montrose. Sein im »Dundee Advertiser« veröffentlichter Brief vom 30. August 1879 lautet:

»Sir. — Der Aufforderung Ihres Korrespondenten »Einer, der vor 50 Jahren ein Einwohner von Dundee gewesen ist«, nachkommend, bin ich sehr erfreut, bezeugen zu können, dass mein sehr guter und verehrter Freund James Chalmers mir **seine Ansichten über die Postreform** und auch seine Idee über ein aufklebbares Frankirungszeichen schon **eine beträchtliche Reihe von Jahren früher** mitgeteilt hat, bevor Sir Rowland Hill's Vorschläge angenommen worden sind. So viel ich mich entsinne, hat auch J. Chalmers seine Ideen in mehreren Blättern veröffentlicht, die vielleicht noch aufzufinden sein dürften.

Ich wünsche nicht im Geringsten, Sir Rowland Hill irgend etwas von der ihm gebührenden Ehre zu entziehen; — ich halte es aber für meine Pflicht, für das Andenken eines sehr lieben alten Freundes einzutreten. Ich bin« etc.

»Einer, der schon vor mehr als 50 Jahren ein Einwohner von Dundee gewesen ist.«

Der »Dunder Advertiser« brachte dann nach und nach eine ganz beträchtliche Reihe von Briefen durchaus achtbarer und glaubwürdiger Personen, die alle Zeugniss dafür ablegten, dass J. Chalmers wirklich im August 1834 die aufklebbare Briefmarke erfunden hätte und auch Proben davon in seiner Buchdruckerei angefertigt worden wären. Leider kann ich aber aus Mangel an Raum hier nicht darauf eingehen, nur so viel sei noch gesagt, dass der bei James Chalmers von 1825—1839 bedienstet gewesene Buchbinder William Whitelaw in Glasgow in 2 Briefen — unter Anführung sehr vieler Namen und Einzelheiten — auf das Bestimmteste erklärt hat, im August 1834 die in der Chalmer'schen Buchdruckerei angefertigten Proben von Marken gummirt zu haben — und dass der jetzige Ober-Ingenieur der Huller Wasserwerke, D. Maxwell, der vom 1. November 1832 bis zum letzten Oktober 1834 Buchdruckerlehrling bei J. Chalmers gewesen, ebenfalls in 2 Briefen mit aller Bestimmtheit angegeben hat, vor dem 1. November 1834 die in der Chalmers'schen Offizin zu je 1 Dutzend auf einem Blatte gedruckten Markenmuster auseinander geschnitten zu haben. Erst vor wenigen Tagen habe ich einen Brief des Herrn Maxwell vom 21. Februar d. J. in Händen gehabt, worin er das oben Gesagte bestätigt und dem er auch einige etwa eine halbe Hand grosse, von ihm selbst vor dem 1. November 1834 in der Chalmer'schen Druckerei gesetzte Zettelchen beigelegt hatte, deren Verzierungen in der Umrandung sowie von Schriftgattungen auf das Genaueste mit denen auf dem im Internationalen Postwertzeichen-Museum des Herrn Sigmund Friedl in Unter-Döbling bei Wien befindlichen Original einer Chalmers'schen Markenprobe vom Jahr 1834 übereinstimmen. Gerade während ich dies schreibe (19. März), erhalte ich aus sicherster Quelle die Mitteilung, dass ein Herr Hanson in Cardiff ganz kürzlich eine Chalmers'sche Markenprobe gefunden hat, die genau mit der des Herrn Friedl übereinstimmt — mit dem einzigen Unterschied, dass derselben nicht das Wort »Used« (gebraucht), sondern schon Ort und Datum »Dundee Sept. 24. 1834« aufgedruckt ist. Daraus schliesse ich, dass das Friedl'sche Muster das ältere, das erste, sein muss — während das Hanson'sche etwas später, nachdem Chalmers wohl die Idee gekommen sein mochte, dass es vorzuziehen sein würde, als Zeichen der Entwertung anstatt des einfachen »Used« Ort und Datum zu setzen, angefertigt worden sein dürfte. Uebrigens wird das Hanson'sche

Muster jetzt photographisch vervielfältigt und werde ich binnen kurzem ein Exemplar davon erhalten.

Werfen wir zum Schluss noch einen Blick auf die Streitschriften der Herren Patrick Chalmers und Pearson Hill. In denen des ersteren finden wir, dass dieselben in einem durchaus würdigen Tone mit — ich möchte sagen — beinahe peinlicher Gewissenhaftigkeit geschrieben sind und dass sie für alles, was darin aufgestellt wird, zugleich auch die unwiderlegbarsten Beweise bringen. Selbstverständlich habe ich mich nicht damit begnügt, dieselben einfach zu lesen, sondern habe dieselben nach allen Seiten hin auf das Eingehendste geprüft — ohne auch nur auf die kleinste Unrichtigkeit gestossen zu sein. Wir können aber auch überzeugt sein, dass Pearson Hill und Genossen diese Schriften nicht minder genau untersucht haben werden und dass sie, wenn sie auch nur das Geringste gefunden, was der Wahrheit nicht ganz entsprochen hätte, dies mit grossem Triumph an die allergrösste Glocke gehängt haben würden.

Was sehen wir dagegen in den Pamphleten des Herrn Pearson Hill? Nichts anderes, als dass in denselben eine höchst leidenschaftliche und verletzende Sprache vorherrschend ist und dass dieselben überdies noch voll von Unrichtigkeiten und Beleidigungen sind. Wir finden darin die flagrantesten Entstellungen und Verdrehungen feststehender Thatsachen in Menge vor — ja noch mehr, man entblödet sich sogar nicht, Patrick Chalmers als geistesverwirrt etc. hinzustellen. Was sollen wir, um nur ein Beispiel anzuführen, dazu sagen, dass darin — so unglaublich dies auch scheinen mag — sogar die Inschrift auf der Londoner Statue Sir R. Hill's ganz anders angegeben wurde, wie dieselbe in Wirklichkeit lautet. Eine derartige unrühmliche Kampfesweise kann doch nur das Missfallen eines jeden Gebildeten hervorrufen — unwillkürlich wird man dabei auf den Gedanken hingeleitet, dass, weil sich nichts widerlegen lässt, die Zuflucht zum schimpfen und zu sophistischem Phrasenkram genommen wird.

Pearson Hill besitzt auch die zwischen seinem Vater und James Chalmers seinerzeit bezüglich der aufklebbaren Postmarken gewechselten Briefe. Es wäre nun wohl etwas sehr Natürliches, wenn P. Hill den vielfachen Aufforderungen P. Chalmers entsprochen und diesen Briefwechsel veröffentlicht hätte. Dazu will er sich aber durchaus nicht herbeilassen, sondern hat nur aus dem Briefe J. Chalmers vom 18. Mai 1840 einige wenige Bruchstücke bekannt gegeben. Was können aber einzelne von P. Hill selbst ganz nach Belieben herausgerissene Stellen für einen Werth haben? Selbstverständlich auch nicht den geringsten; — bei einem jeden Unbefangenen wird vielmehr die Vermuthung aufsteigen müssen, dass, weil P. Hill sich so hartnäckig weigert, diese Korrespondenz ihrem vollen Inhalte nach wiederzugeben, dieselbe doch nur zu Ungunsten seines Vaters sprechen kann, denn sonst liesse sich ja wirklich kein einleuchtender Grund finden, warum er dieselbe so geheim hält. Zu denken gibt es aber auch: warum Sir R. Hill diesen dienstlichen Briefwechsel nicht bei den Akten, wohin er doch in Wirklichkeit gehört, gelassen, sondern denselben an sich genommen hat.

Übrigens hat auch die Redaktion der »Encyclopädia Britannica« beim Erscheinen der IX. Auflage dieses Werkes (1884) die ganze Sache auf Grund der ihr von beiden streitenden Teilen vorgelegten Schriftstücke etc. auf das Eingehendste geprüft — und dieser Verein von gelehrten und unparteiischen Männern hat zu Gunsten J. Chalmers entschieden und ausdrücklich erklärt, dass durch das von P. Hill Vorgelegte die Ansicht: dass James Chalmers im August 1834 die aufklebbare Briefmarke erfunden und auch Proben davon angefertigt hätte, nicht erschüttert werden könnte.

Gar vieles hätte ich noch zu schreiben, wenn ich alles das auch nur ganz kurz anführen wollte, was unwiderlegbar Zeugniss dafür ablegt, dass James Chalmers unzweifelhaft die Ehre zugesprochen werden muss, der wirkliche Erfinder der aufklebbaren Briefmarke zu sein und deren Einführung auch **zuerst** in Vorschlag gebracht zu haben; — ich muss aber davon abstehen, um den mir für das Nachwort zugestandenen Raum nicht allzu ungebührlich zu überschreiten.

Es erübrigt jetzt nur noch, einige erklärende Worte zu den Abbildungen zu bringen. In mehreren Blättern, dann auch in der Jubelausgabe von Schwaneberger's Briefmarken-Sammelbuch habe ich bereits ausführlichere Lebensbeschreibungen James Chalmers' veröffentlicht — daher glaube ich, hier ganz davon absehen zu können. Nur über das auf dem alten, schon seit Jahren aufgelassenen und in eine öffentliche Anlage umgewandelten Friedhof (the Howff) stehende Grabmal J. Chalmers' dürfte es nothwendig sein, noch einige Worte zu sagen: Dasselbe wurde mit der amtlichen Genehmigung der Stadtvertretung von Dundee in der ersten

Hälfte des Juni 1888 von Patrick Chalmers errichtet und besteht aus einem von rotem Aberdeener Granit angefertigten, nahezu 2 Meter hohen und ebenso breiten Gedenkstein, der rings herum von bronzenen Ketten umgeben ist. Die Inschrift lautet auf Deutsch:

»Zum
Gedächtniss
*James Chalmers'*,
Buchhändlers in Dundee.
Geboren 1782. Gestorben 1853.

Erfinder der aufklebbaren Postmarke,
die des Penny-Postsystem vom Jahre 1840
vor dem Scheitern
gerettet, ihm zu einem unbegrenzten Erfolg verholfen hat und die
seitdem von allen Postanstalten
der ganzen Welt
angenommen wurde.

Dies Denkmal errichtete ihm sein Sohn
Patrick Chalmers in Wimbledon.
1888.«

Was die Markenabbildungen anbetrifft, so wurde das Original des ältesten Musters (des runden), das Eigentum des »Internationalen Postwertzeichen-Museums« des Herrn Sigm. Friedl in Unter Döbling bei Wien ist, im August des Jahres 1834 in der Buchdruckerei James Chalmers' hergestellt. Dasselbe trägt in rotem Druck die Worte (in deutscher Uebersetzung): »Allgemeines Porto (oben) — Nicht über eine Unze — 2 Pence (in der Mitte) — Zwei Pence« (unten). Als Zeichen der Entwertung wird das mit der Hand schwarz aufzudruckende Wort »USED« (gebraucht), vorgeschlagen.*)

Die beiden anderen viereckigen, ebenfalls in Buchdruck ausgeführten Muster, enthalten die Worte: »Allgemeines Porto (oben) — Nicht über eine halbe, (bzw. eine) Unze (in der Mitte) — Ein Penny (bzw. zwei Penny) (unten«). Die Originale, 5 an der Zahl, sind, durch kleine Zwischenräume von einander getrennt, auf einen breiten weissen Papierstreifen rot gedruckt und auf der Rückseite gummiert. Die Originale befinden sich in der gedruckten,

---

*) Dass ganz vor Kurzem von einem Herrn Hanson in Cardiff ein gleiches Muster, das aber bereits als Zeichen der Entwertung den Aufdruck „Dundee 24. Sept. 1834" trägt, aufgefunden wurde, habe ich schon früher erwähnt.

jetzt im Kensington Museum aufbewahrten Druckschrift vom 8. Februar 1838, welche J. Chalmers dem »Mercantile Committee of the City of London« zugeschickt hatte. Als Andeutung, wie die Marken entwertet werden könnten, ist über die letzte (5e) Marke Ort und Datum (Dundee 10$^{th}$ February 1838) schwarz gedruckt.

Wir nehmen da zwischen der Ausführung des ältesten und des neueren Musters einen auffallenden Unterschied in der Form wahr. Letzteres ist nicht mehr rund, sondern viereckig, was jedenfalls das Voneinandertrennen der Marken erleichtert; — auch wird als Zeichen der Entwerthung der Aufdruck des Orts und Datums anstatt des einfachen Aufdrucks »USED« vorgeschlagen. Gegen das ziemlich primitiv hergestellte älteste Muster zeigt das neuere einen unverkennbaren Fortschritt; — man sieht sehr gut, dass das erste Muster der **erste** Versuch, die erste Idee, das zweite hingegen der schon **mehr ausgebildete** Gedanke ist. Übersehen darf aber nicht werden, dass J. Chalmers durch seine Muster einzig und allein das Wesen der aufklebbaren Marken darlegen, keineswegs aber auch die Art und Weise der Herstellung zeigen wollte.

Das Original des dritten Musters mit dem Bilde der Königin und der Umschrift: »Post-Amt — Ein Penny. — Eine halbe Unze« dürfte höchst wahrscheinlich von dem berühmten Kupferstecher Bacon herrühren, der beauftragt worden war, auf Grund des von J. Chalmers erfundenen Prinzips eine aufklebbare Marke in schöner Form herzustellen und der dann Zeichnungen mit dem Bilde der Königin vorlegte, von denen schliesslich R. Hill die bekannten 1- und 2-Penny-Marken annahm. Möglich könnte es aber auch sein, dass das Muster Cheverton seine Entstehung verdankt, der infolge des Ausschreibens des Schatzamtes vom 23. August 1839 ein Muster mit dem Bildniss eines weiblichen Kopfes eingeschickt und dafür den zweiten der beiden ausgesetzten Preise von 100 Pfund Sterling erhalten hatte.

Über die Charles Whiting'schen Muster, die ich ebenfalls gesehen habe, ein Wort zu sagen, halte ich für überflüssig, da das, was Herr Franz Himmelbauer über dieselben bringt, durchaus einleuchtend und zutreffend ist. Jedenfalls können wir aber dem Herrn Verleger nur sehr dankbar sein, dass er diese so seltenen und interessanten Stücke, die wohl nur sehr Wenigen bekannt sein dürften, in Abbildungen vorführt.

## Verlag von Ernst Heitmann in Leipzig.

Soeben erschien:

# Die Namenkunde
der
## Länder und Städte des deutschen Reichs
von
### Oskar Kausch.
=== Preis elegant broschirt 3 Mark. ===

Das Buch umfasst im Wesentlichen auf 220 Seiten folgende Abtheilungen:
1) Vorbemerkungen über Ortsnamenkunde und die Literatur derselben,
2) die Namen Germanen, Alemannen, Deutsche,
3) der Name Preussen (Volk, Königreich, Provinz),
4) die Namen der preussischen Provinzen,
5) die Namen aller übrigen Einzelstaaten des Reiches und der Ansiedelungen,
6) die einzelnen Ortsnamen-Erklärungen (über 1500),
7) Benutzte Quellen und Werke,
8) Alphabetischer Nachweis der ungefähr 2000 Nummern umfassenden Erklärungen.

Durch alle Buchhandlungen, sowie gegen Einsendung des Betrages zu beziehen von

### Ernst Heitmann
in Leipzig.

**Unentbehrlich für jeden Sammler!**

## Grosses Handbuch der Philatelie.
Herausgegeben von Landrichter C. Lindenberg.
Fortgesetzt von Freiherr von Vittinghoff gt. Schell, J. H. Anheisser und Dr. F. Kalckhoff.

Mit vielen Illustrationen. Teil I, die Postzeichen enthaltend, wird in ca. 40 Lieferungen komplet sein, bis jetzt erschienen 23 Lieferungen, enthaltend die Länder Aegypten bis Mecklenburg.
Der Subskriptionspreis von 50 Pfennig pro Lieferung erlischt mit der letzten Lieferung jedes einzelnen Teiles und beträgt dann der Preis 75 Pfennig.

Organ für die gesammte Postwertzeichenkunde.

Redakteure:
Dr. A. Moschkau u. H. Schwaneberger.
Erscheint am 1. und 15. eines jeden Monats.
Abonnementspreis für das Quartal (6 Nummern) nur **65** Pfennig.

Zu beziehen durch alle Buchhandlungen und Postanstalten. Direkt von der Verlags-Buchhandlung unter Kreuzband bezogen pro Quartal gegen Franco-Einsendung von 85 Pfennig für Deutschland und Oesterreich, 95 Pfennig für den Weltpost-Verein, 1 Mark 25 Pfennig für das Ausland.

Die „Illustrirte Briefmarken-Zeitung" ist die einzige, welche die neuen Postwertzeichen sofort nach ihrer Ausgabe registrirt und auf einseitigen Blättern zum Zerschneiden zum Abdruck bringt.

Verlag von Ernst Heitmann in Leipzig.

Soeben erschien:

## Schwaneberger's
# Briefmarken-Sammelbuch
### 11. Auflage.
## Lieferungs-Ausgabe.

Erscheint
in ca. 21 Lieferungen à 50 Pfennige.

Diese neue Lieferungs-Ausgabe wird
1) über **8000 Markenfelder** enthalten, wobei diejenigen Felder, welche für Couverts, Postkarten und Streifband-Ausschnitte bestimmt sind, grösser als in jedem andern Album bemessen werden;
2) über **4600 Illustrationen** enthalten.
3) Die **Seltenheitsbezeichnungen** bei den einzelnen Marken sind nach den massgebenden Vorschlägen von E. Blossfeld in Archangel durchgeführt.
4) Bei den einzelnen Marken-Emissionen sind die wissenswertesten **Notizen** aus dem „Grossen Handbuch der Philatelie" beigefügt, so dass für den Sammler ein besonderes Handbuch entbehrlich ist.
5) Erhalten die Abonnenten folgende **Extraprämien**
   *mit der fünften Lieferung:*
   das **Porträt Chalmers**, des Erfinders der Briefmarke, nebst den ersten Entwürfen dazu und einer Biographie K. von Gündels;
   *mit der zehnten Lieferung:*
   eine kolorirte **Weltpostkarte**;
   *mit der letzten Lieferung:*
   eine **Farbenkarte**, enthaltend Farben zum Bestimmen der Marken.
6) Am Schluss des Werkes wird eine hochfeine **Einbanddecke**, in 5 Farben und Gold, entworfen von einem der ersten Künstler, zu den Herstellungskosten geliefert.
7) Mit der letzten Lieferung werden die während des Erscheinens der einzelnen Lieferungen herausgegebenen neuen Postwertzeichen als **Nachtrag** beigegeben werden, so dass das Album nach Beendigung vollständig *auf der Höhe der Zeit stehen wird.*

Das Schwaneberger'sche Briefmarken-Sammelbuch ist bereits in **10 Auflagen** erschienen, in über **50000 Exemplaren** über die *ganze* Welt verbreitet und bereits in *10 Sprachen* übersetzt. Dies zeigt am besten, dass das

Schwaneberger'sche
**Briefmarken-Sammelbuch**

das *anerkannt beste* und **vollständigste** *Album der Neuzeit ist;* denn es enthält alle bis jetzt von den Postverwaltungen ausgegeb. Postwertzeichen: Freimarken, Dienst-, Nachporto- u. Zeitungsmarken, Couverte, Postkarten, Kartenbriefe, Streifbänder, Postanweisungen etc.

Zu beziehen durch jede Buchhandlung, welche auch Lieferung 1 zur Ansicht einsenden, sowie direkt vom Verleger.